333 Keywords Marktforschung

Springer Fachmedien Wiesbaden
(Hrsg.)

333 Keywords Marktforschung

Grundwissen für Manager

 Springer Gabler

ISBN 978-3-658-03540-2

Die Deutsche Nationalbibliothek verzeichnet diese Publikation in der Deutschen National-
bibliografie; detaillierte bibliografische Daten sind im Internet über http://dnb.d-nb.de
abrufbar.

Lektorat: Stefanie Brich, Claudia Hasenbalg

Gedruckt auf säurefreiem und chlorfrei gebleichtem Papier

Springer Gabler ist eine Marke von Springer DE. Springer DE ist Teil der Fachverlagsgruppe
Springer Science+Business Media
www.springer-gabler.de

Autorenverzeichnis

Professor Dr. Manfred Kirchgeorg
HHL – Leipzig Graduate School of Management, Leipzig
Sachgebiet: Grundlagen des Marketings

Professor Dr. Klaus Wübbenhorst
WB Consult GmbH, Nürnberg
Sachgebiet: Marktforschung

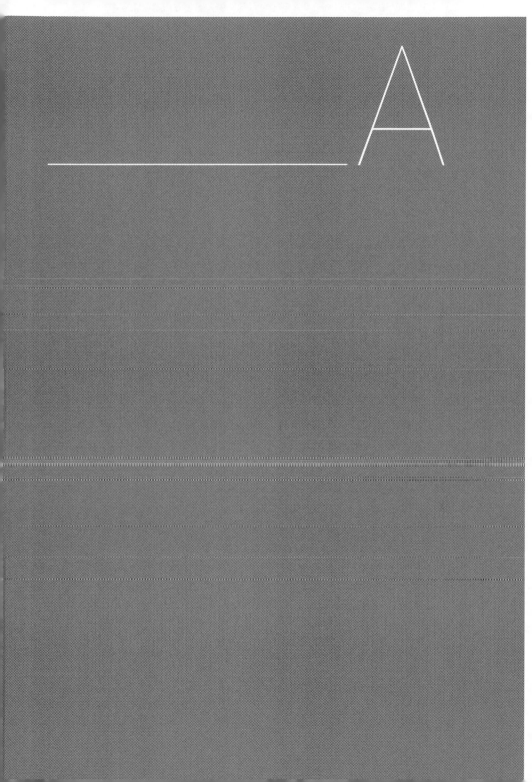

Ablaufordnungsfrage

Frage in einem Fragebogen, die den geordneten Ablauf der Befragung sicherstellt. Dazu gehören z.B. Filterfragen.

Ablenkungsfrage

Ablenkungsfragen dienen in einer Befragung dazu, vom eigentlichen Untersuchungsziel abzulenken, um so eine Situation zu schaffen, in der realistischer geantwortet wird. So werden in Tests für Werbefilme diese häufig in einem Film eingebettet und anschließend wird zuerst nach dem Film gefragt, bevor zur Werbung gefragt wird.

Abnehmerbefragung

Form der Befragung, bei der die faktischen und/oder potenziellen Kunden (z.B. Verbraucher, industrielle Abnehmer, Handelsunternehmen) als Informationsquelle dienen.

Absatzanalyse

Bereich der Marktanalyse. Untersuchung der bestehenden und zu erwartenden Gegebenheiten auf dem Absatzmarkt für das bestehende Sortiment eines Unternehmens, d.h. aller den betrieblichen Absatz berührenden einzel- und gesamtwirtschaftlichen Daten und ihrer voraussehbaren Änderungen. Dies wird entweder mit eigenen Daten (z.B. Umsatzstatistiken, Kundenstatistiken) oder aber mit Marktforschungsdaten (einmalig durch Befragung oder kontinuierlich durch Panel) durchgeführt.

Absatzbeobachtung

(Kontinuierliche) Beobachtung der Entwicklungen auf dem Absatzmarkt als Basis für Absatzanalysen und Absatzprognosen.

Absatzforschung

1. *Im weiteren Sinne:* Synonym für *Marketingforschung*.

2. *Im engeren Sinne:* Synonym für *Absatzmarktforschung*.

Absatzmarktforschung

Form der Marktforschung sowohl für den Binnen- als auch für den Auslandsmarkt.

1. *Begriff:* Planvolle und systematische Erforschung der Absatzmärkte. Der Begriff Marktforschung wird häufig synonym für Absatzmarktforschung verwendet.

2. *Phasen:*

(1) Marktbeobachtung;

(2) Marktanalyse (Bedarfsforschung, Konkurrenzanalyse);

(3) Absatzstatistik, Betriebsvergleich und sonstige Einrichtungen zur Überwachung der Preisabsatzfunktion.

3. *Aufgaben:*

a) Erforschung von Kaufmotiven (Konsumentenforschung).

b) Kontrolle und Vorausschau der Absatzergebnisse in Bezug auf den eigenen Wirtschaftszweig, die Marktstruktur und -bewegung.

Absatzpotenzial

Der mengenmäßige Absatz, der unter günstigen Bedingungen erreicht werden kann.

Absatzprognose

Empirisch gestützte Vorhersage (Prognose) des künftigen Absatzes bzw. Umsatzes eines bestimmten Produktes. Es gilt, die Entwicklung des Markt- und Absatzpotenzials (Marktpotenzial), des Markt- und Absatzvolumens (Marktvolumen) und des Marktanteils zu ermitteln.

Vor der Markteinführung stützen sich Absatzprognosen vor allem auf Daten von Produkttests oder Testmärkten, auch simulierten Testmärkten, nach der Markteinführung vor allem auf die bisherige Entwicklung, wie sie sich in den eigenen Statistiken oder in Ergebnissen von Panels widerspiegelt.

Absatzstatistik

Systematische, zahlenmäßige Erfassung der Markttätigkeit eines Unternehmens (betriebswirtschaftliche Statistik). Ausgestaltung der Absatzstatistik hängt unter anderem ab von Differenziertheit des Marketings-, Planungs-, Steuerungs- und Kontrollsystems, Art der Marketingpolitk (z.b. differenzierte oder undifferenzierte Marktbearbeitung, direkter oder indirekter Vertrieb), Art der Produkte (z.b. standardisierte oder individualisierte Güter) und Struktur des Verkaufsprogramms.

Erscheinungsformen: Anfragen-, Angebots-, Auftragseingangs-, Umsatz-, Außendienst-, Reklamationsstatistiken etc.; gegliedert nach Kriterien der Absatzsegmente (Marktsegmentierung).

Absatzvolumen

Gesamtheit des in der Ermittlungsperiode getätigten Absatzes (im Sinn von Absatzmenge) einer Unternehmung bzw. eines Teilausschnitts ihres Absatzprogramms (z.B. Produktgruppe).

Acceptable Quality Level (AQL)

Maximaler Prozentsatz fehlerhafter Einheiten, der für die Prüfung einer Stichprobe als befriedigende durchschnittliche Qualität angesehen werden kann.

Ad-Rem-Verfahren

Advertising Registration Measurement; Methode der Werbemittelanalyse, bei der die Testpersonen eine Mappe mit Anzeigen durchsehen, von denen der größte Teil Kontrollanzeigen sind. Danach müssen Kärtchen mit Produktmarken nach „gesehen", „weiß nicht" und „nicht gesehen" sortiert werden.

Adequacy-Importance-Modell

Verfahren zur Messung von Einstellungen, das die Merkmalsbeurteilung mit ihren jeweiligen Wichtigkeiten multipliziert und die daraus resultierenden Eindruckswerte aufsummiert.

Adequacy-Value-Modell

Verfahren zur Messung von Einstellungen, das den Eindruck von Merkmalen und ihren Eigenschaften misst, diesen aber nicht mit der subjektiven Bedeutung gewichtet. Die Einstellung zu einem Produkt oder einer Dienstleistung ergibt sich als Summe der Eindrücke aller Eigenschaften bzw. ihrer Ausprägungen.

AID-Analyse

Abkürzung für *Automatic-Interaction-Detector-Analyse, Kontrastgruppenanalyse, Baumanalyse;* Verfahren der statistischen Datenanalyse. Suchverfahren, um die Struktur der Beziehungen zwischen den Variablen aufzudecken. Gesucht wird jeweils die unabhängige (nicht metrische) Variable, die die „beste" Aufteilung der Elemente (Personen) in Bezug auf eine abhängige Variable in zwei Segmente ermöglicht. Dieser Teilungsprozess in jeweils zwei Gruppen wird so lange fortgesetzt, bis eine Stoppregel den weiteren Teilungsvorgang beendet. Es entsteht ein Dendrogramm.

Nachteile: Größe der benötigten Stichprobe (in der Regel größer als 1.000), Vernachlässigung der Interkorrelation der unabhängigen Variablen.

Bedeutung: In der Marktforschung unter anderem zur Marktsegmentierung verbreitet.

Aktivierungsforschung

1. *Begriff:* Richtung der Verhaltenswissenschaft bzw. der Psychobiologie, die sich mit der Messung zentralnervöser Erregungsvorgänge (Aktivierung) des Menschen befasst. Die Aktivierung wird als Grunddimension der Antriebskräfte verstanden.

2. *Arten:* Es wird von einer tonischen Aktivierung gesprochen, wenn die länger anhaltende Bewusstseinslage (Aktivierungsniveau) gemeint ist, wie z.B. Schläfrigkeit oder Wachheit. Daneben gibt es die phasische Aktivierung (kurzfristigen Aktivierungsschwankungen), die die Aufmerksamkeit und Leistungsfähigkeit des Individuums in bestimmten Reizsituationen steuert.

3. *Stärke der Aktivierung:* Die Stärke der vorhandenen Aktivierung zeigt an, wie wach, reaktionsbereit und leistungsfähig ein Organismus ist. Bei zunehmender Stärke der Aktivierung steigt zunächst die Leistung eines Individuums an, von einer bestimmten Aktivierungsstärke ab fällt sie wieder (umgekehrte u-Funktion). Als Leistung werden dabei alle im Individuum ablaufenden Vorgänge wie Wahrnehmung, Denken, Lernen, Speichern etc. verstanden. Dieser Zusammenhang wird als Lambda-Hypothese bezeichnet, der jedoch nur für einzelne Abschnitte empirisch belegt ist.

4. *Wirkung:* Aktivierung fördert oder hemmt die Effizienz, mit der ein psychischer oder motorischer Vorgang abläuft, nicht jedoch Richtung und Inhalt.

5. *Messmethoden:*

(1) Messung auf der physiologischen Ebene, z.B. Hautwiderstandsmessung;

(2) Messung auf der subjektiven Erlebnisebene, z.B. Aktivierungsskalen, Musterzuordnungsverfahren;

(3) Messung auf der motorischen Ebene, z.B. Beobachtung der Orientierungsreaktion.

Physiologische Verfahren sind am besten zur Aktivierungsmessung geeignet, da sie universell geeignet sind und sehr exakt den Grad der Erregung messen.

Aktualgenetisches Verfahren

Psychologisches Testverfahren zur Messung der Wahrnehmung von Vorlagen (z.B. Worte, Geräusche, Musik, Bilder, Gegenstände); gehört zu den apparativen Verfahren. Die Vorlagen werden den Testpersonen nur für eine minimale Zeit dargeboten, sodass die Wahrnehmung erschwert ist. Die bei den Testpersonen in bestimmten Phasen entstehende Vorstellung (Aktualgenese) von der Gestalt der Vorlage wird für die einzelnen Phasen der Vorlagedarbietung verbal wiedergegeben und protokolliert. Zur

Erschwerung der Wahrnehmung dienen verschiedene Apparaturen wie z.B. Tachistoskop und Perimeter. Die gewonnenen Informationen werden zur Gestaltung von Vorlagen benutzt.

Aktualisierungseffekt

Präsenzeffekt; innerer Störeffekt bei einer Fragebogenbefragung (Befragung). Die Beantwortung einiger Fragen eines Fragebogens wird durch vorangegangene Fragen beeinflusst, da die vorangegangenen Fragen bestimmte Vorstellungen und Denkraster aktualisieren und damit den Antwortspielraum für nachfolgende Fragen einengen. Durch entsprechenden Fragebogenaufbau lässt sich der Aktualisierungseffekt manchmal vermeiden. Ist er unvermeidlich, so sind die wichtigeren Informationen zuerst zu erfragen.

Akzeptanz

1. *Begriff:* Bereitschaft, einen Sachverhalt billigend hinzunehmen. Akzeptanz gegenüber einem Gegenstand wird als Teilaspekt der Konformität im Spektrum zwischen Gehorsam, Anpassung und Verinnerlichung gesehen. Neben der zeitpunktbezogenen Akzeptanz interessiert die Veränderung im Zeitablauf durch Lernen.

2. *Grundlagen:* Anhaltspunkte für die Erklärung von Akzeptanz gibt die Diffusionstheorie, die sich der Akzeptanz von Innovationen widmet. Die Diffusionstheorie unterscheidet Neuerer, frühe Annehmer, frühe Mehrheit, späte Mehrheit und Nachzügler. Das Akzeptanzverhalten wird durch Verhaltensmerkmale (z.B. Risikobereitschaft, Neugierde) geprägt.

3. *Merkmale:* Hohe Nützlichkeit, hohe Übereinstimmung mit bestehenden Strukturen und Wertvorstellungen (Kompatibilität), die Möglichkeit, das Neue sukzessiv einzuführen (Teilbarkeit), gute Durchschaubarkeit der Innovation sowie einfache Mitteilbarkeit fördern die Akzeptanz. Starke Brüche mit bisher Gewohntem erschweren die Akzeptanz. Die Bruchstärke kann sich in der Intensität des Andersartigen und der Menge des Neuen ausdrücken. Eine große Bruchstärke erhöht den Lernaufwand, sie bewirkt Marktwiderstand. Bei gegebenem Beeinflussungsaufwand (z.B.

durch Werbung) erhöht die Bruchstärke die Akzeptanzzeit. Eine Verkürzung ist durch eine Steigerung des Marketingaufwandes möglich.

Akzeptanztest

Teil eines jeden Produkttests und Konzepttests, der darüber Aufschluss geben soll, ob und gegebenenfalls in welchem Ausmaß bei Testpersonen eine rein qualitätsdeterminierte bzw. eine preis-qualitätsdeterminierte, aktuelle oder potenzielle Kauf- bzw. Ge- oder Verbrauchsabsicht besteht. Dabei ist zu beachten, dass die ermittelten Werte in der Regel positiv verzerrt sind. Die Information ist der Vergleich der Akzeptanzwerte des zu testenden Produkts mit anderen bekannten Produkten.

Alternativfrage

Frage in einer Befragung, bei der sich die Testperson für eine der Antwortmöglichkeiten entscheiden muss.

Analytische Frage

Frage in einer Befragung, die nicht direkt der Ergebnisermittlung dient, sondern für weitere Analysezwecke, z.B. Teilgruppenuntersuchungen, herangezogen werden kann.

Anfragenkontrolltest

Verfahren der Werbeerfolgskontrolle. In Verbindung mit dem Werbeappell wird die Bitte um Anforderung von Prospektmaterial, Warenproben etc. ausgesprochen. Nicht die tatsächlichen Käufer, sondern die Interessenten werden erfasst. Als Wirkungsmaßstab für den Werbeerfolg gilt der Quotient aus der Zahl der an dem Werbeobjekt interessierten Personen und der Anzahl der Mitglieder der angesprochenen Zielgruppe.

Ähnlich: BuBaw-Verfahren, Coupontest.

Anfragenstatistik

Systematische zahlenmäßige Erfassung der Anfragen nach einem Produkt oder einer Dienstleistung oder beschreibendes Material; Teil der Absatzstatistik.

Anglemeter

Technisches Hilfsmittel bei den apparativen Verfahren. Eine steuerbare Drehscheibe, durch die der Testperson die relevante Seite eines Objektes langsam zugewandt wird. Damit sollen die in der Wirklichkeit auftretenden verschiedenen Sichten auf ein Objekt (z.B. Produktpackung) simuliert werden.

Anzeigen-Wirkungs-Test

Auch Anzeigentest, Oberbegriff für verschiedene Testverfahren zur Ermittlung der Wirkung einer Printanzeige. Dabei können die Aufmerksamkeitswirkung und/oder die zum Kauf motivierende Wirkung erfasst werden. Bei manchen dieser Tests werden auch apparative Verfahren wie z.B. die Blickregistrierung verwendet.

Anzeigentest

Methode der Werbemittelanalyse, bei der eine Anzeige auf ihre Werbewirkung geprüft wird. In der Form des Pretests werden meist Aufmerksamkeitswirkung und/oder Einstellungsänderung bzw. die zum Kauf motivierende Wirkung gemessen. Dabei kommen häufig auch apparative Verfahren zum Einsatz (z.B. Blickregistrierung, Tachistoskop). Beim Posttest wird – oft in Form des Werbetrackings – die tatsächlich erreichte Aufmerksamkeitswirkung bzw. Einstellungsänderung gemessen.

Apparative Verfahren

Teilbereich der psychologischen Testverfahren und der psychobiologischen Testverfahren. Apparative Verfahren sind einmal die aktualgenetischen Verfahren und die Verfahren zur Prüfung der Gestaltfestigkeit von Vorlagen (Firmennamen, Warenzeichen, Produktgestaltung etc., Logo), unter Einsatz von Apparaturen zur Erschwerung der Wahrnehmung durch die Testperson (Tachistoskop, Perimeter, Anglemeter etc.). Die aus den Tests gewonnenen Informationen werden bei der Gestaltung z.B. von Anzeigen und Verpackungen eingesetzt. Darüber hinaus gibt es apparative Verfahren zur Ermittlung der Aufmerksamkeit. Dazu gehören die

Blickregistrierung und die Hautwiderstandsmessung. Derzeit noch im Versuchsstadium ist der Einsatz der funktionellen Magnetresonanztomographen, bei der Gehirnaktivität erfasst wird.

Assoziationsforschung

Teilgebiet der Psychologie, das zu erkennen sucht, inwieweit eine Vorstellung durch Außenreize (Interview, Bild, Ton und Ähnliches) aufgrund des Gesetzes der Ähnlichkeit bzw. des Kontrastes andere Vorstellungen bewusst werden lässt. Zweck ist das Erforschen der unbewussten Triebkräfte menschlichen Handelns, vor allem im wirtschaftlichen Bereich (z.B. bei Kaufentscheidungen). Anwendung in der Konsumentenforschung.

Auftragseingangsstatistik

Systematische und zahlenmäßige Erfassung der Auftragseingänge eines Unternehmens; Teil der internen Absatzstatistik.

Auslandsabsatzmarktforschung

1. *Begriff:* Teilbereich der Absatzmarktforschung bezogen auf ausländische Märkte, und zwar aus dem Blickwinkel eines Unternehmens, das bereits auf bestimmten Auslandsmärkten tätig ist oder dies beabsichtigt. Auslandsabsatzmarktforschung und Betriebsforschung bilden die Auslandsabsatzforschung.

2. *Ziel der Auslandsabsatzmarktforschung* ist die systematische Suche, Sammlung, Aufbereitung und Interpretation von Informationen über Auslandmärkte und ihre Besonderheiten. Im Rahmen der Auslandsabsatzmarktforschung gewonnene Informationen dienen als Entscheidungsgrundlage für die Internationalisierungsentscheidung, für die Wahl der Internationalisierungsstrategie, der internationalen Marktsegmentierung, der Allokation von Marketingbudgets auf die verschiedenen Auslandsmärkte, der Selektion von Auslandsmärkten sowie der Planung und Gestaltung des internationalen Marketing-Mix. Der Auslandsabsatzmarktforschung kommt somit eine zentrale Stellung im Rahmen der Informationsbeschaffungsfunktionen eines internationalen Managements zu.

3. *Probleme* können begründet sein in Sprache, kultureller Prägung der ausländischen Wirtschaftssubjekte, Wirtschaftsstruktur des Auslandsmarktes, Gepflogenheiten etc. Problematisch ist die Verfügbarkeit von aktuellen, zuverlässigen und möglichst aussagekräftigen Statistiken und sonstigen wichtigen Informationsgrundlagen besonders im Hinblick auf die Vergleichbarkeit der jeweiligen Länderdaten.

4. *Bedeutung:* Der Auslandsabsatzmarktforschung kommt wegen des erhöhten Risikos der Auslandstätigkeit, dem Umfang der zur Verfügung stehenden bzw. zu erhebenden Informationen sowie deren Kosten eine besondere Rolle zu.

Ausschöpfungsquote

Anteil der Personen, mit denen ein Interview durchgeführt werden konnte unter den Personen, die für eine Zufallsstichprobe ausgewählt wurden. Laut ZAW-Rahmenschema sollte dieser Anteil mind. 70 Prozent betragen.

Ausstrahlungseffekte

1. *Marketing:*

a) *Begriff:* Beeinflussung der Reaktion auf eine absatzpolitische Maßnahme durch Wirkungen anderer marketingpolitischer Instrumente auf das zu untersuchende Objekt.

b) *Arten:*

(1) *Zeitliche Ausstrahlungseffekte (Carryover-Effekt):* Zeitlich vorgelagerte Maßnahmen und Ereignisse können in der Untersuchungsperiode nachwirken, z.B. wirkt Werbung häufig auch noch, nachdem sie nicht mehr geschaltet wird.

(2) *Sachliche Ausstrahlungseffekte (Spillover-Effekt,* Inferenzprozesse*):* Simultane Maßnahmen und Ereignisse außerhalb einer experimentellen Anordnung können das Untersuchungsergebnis beeinflussen.

Beispiel Produktpolitik: Schluss von einem Merkmal eines Produktes auf ein anderes Merkmal.

(a) *Irradiation* (von einer Teilleistung wird auf einen Teil der Produktqualität geschlossen, z.b. Schaumbildung eines Spülmittels = Reinigungskraft);

(b) *Detaildominanz* (von einem Merkmal wird auf Gesamtleistung geschlossen, z.B. Preis = Qualität);

(c) *Halo-Effekt* (Schluss vom Gesamtmerkmal auf Detailmerkmal, z.B. Sportwagen = hoher Benzinverbrauch);

(d) *Kontext-Effekt* (Schluss vom Umfeldeindruck auf das Produkt).

2. *Marktforschung:* Antwortverzerrungen, die bei Befragungen dadurch auftreten, dass die Beantwortung einer vorhergehenden Frage das Antwortverhalten für die nachfolgende Frage mehr oder weniger stark beeinflusst (Halo-Effekt).

Auswahlsatz

Verhältnis des Umfangs n einer Stichprobe zum Umfang N der Grundgesamtheit: n/N. Der Auswahlsatz gibt den Anteil der Zielpersonen an, die zu einer Untersuchung herangezogen wurden.

Auswahlverfahren

Methoden zur Auswahl von Teilgesamtheiten (Stichproben) aus einer Grundgesamtheit bei statistischen Untersuchungen.

Man unterscheidet:

(1) für die (uneingeschränkte) Zufallsauswahl: *Originalverfahren* (Verwendung von Zufallszahlen, Einsatz eines Zufallszahlengenerators) und *Ersatzverfahren* (systematische Auswahl mit Zufallsstart, Schlussziffernverfahren, Buchstabenverfahren, Geburtstagsverfahren);

(2) *nichtzufällige* oder *bewusste Auswahlverfahren* (Auswahl nach dem Konzentrationsprinzip, Quotenauswahlverfahren).

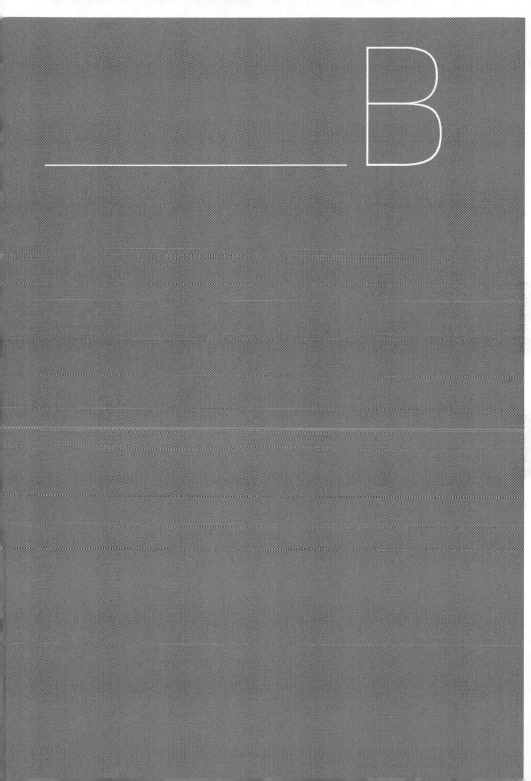

B

Bedarf

1. Ergebnis objektivierbarer Bedürfnisse, die messbar und in Zahlen ausdrückbar sind.

2. Ökonomischer Begriff *für eine am Markt tatsächlich auftretende Nachfrage.*

3. Objektorientierte Handlungsabsicht, die einem bestimmten Bedürfnis folgt.

Bedarfserkennung

Die Bedarserkennung kann auf mehreren Ebenen stattfinden. In usage- und attitude-Studien, welche die für eine Warengruppe relevanten Einstellungen und Verwendungen zum Gegenstand haben, sucht man nach sogenannten „white spots", d.h. Marktbereichen welche noch nicht oder erst wenig von aktuellen Angeboten bedient werden. Bei fertigen Produkten wird in der Marktuntersuchung die Aufnahmefähigkeit des Marktes (Marktpotenzial) für eine bestimmte Ware durch Analyse der Bedarfsfaktoren ermittelt.

Bedarfsforschung

Teilgebiet der Marktanalyse.

1. *Begriff:* Planvolle und systematische Erforschung latenter, aktueller und zukünftiger Bedarfe und deren Einbettung in die Wirkungskette Bedürfnis - Bedarf - Nachfrage (Marktvolumen, Marktpotenzial) als Grundlage betrieblichen Handelns.

2. *Zu ermittelnde Daten:*

(1) wahrscheinliche effektive Nachfrage (die erwartungsgemäß von selbst am Markt auftreten wird);

(2) potenzielle Nachfrage des Bedarfs, der zwar existent ist, unter den gegebenen Marktbedingungen aber nicht wirksam werden kann, z.B. weil die Preise zu hoch sind oder entsprechende Produkte nicht angeboten werden.

Bei Kenntnis von effektivem und potenziellem Bedarf kann durch Änderung der Marktdaten aktiv darauf hingewirkt werden, die potenzielle
Nachfrage wirksam werden zu lassen.

3. *Probleme:* nach Branchen und Unternehmen unterschiedlich. Zu berücksichtigen sind: Elastizität der Nachfrage, Stellung des anbietenden Unternehmens am Markt, mögliche Auswirkung veränderter Preisstellung auf
die Nachfrage.

Bedarfsgestalt

Begriff der Marktanalyse für das Typische an den Bedarfsäußerungen verschiedener Verbraucherschichten, wobei aufgrund der in ihr wirksamen
Bedarfsfaktoren bestimmte charakteristische Bedürfnisse aus- bzw. einge-
schlossen sind. Die Bedarfsgestalt dient in der Marktforschung als Unter-
scheidungsmerkmal der Verbraucherschichten.

Bedürfnis

Wunsch, der aus dem Empfinden eines Mangels herrührt. Man unterscheidet: natürliche Bedürfnisse, gesellschaftliche Bedürfnisse (Kollektiv-
bedürfnisse) und Grundbedürfnisse.

Befragung

1. *Begriff:* Informationsgewinnungsmethode zur Erhebung von Daten.
Gegenstand von Befragungen ist z.B. die Gewinnung von Informationen
über bisheriges Kaufverhalten, zukünftiges Verhalten sowie über Einstellungen und Motive der Befragten.

Anders: Beobachtung.

2. *Anlässe:*

a) Befragung zu wissenschaftlichen oder staatspolitischen Zwecken
   durch Forschungsinstitute oder freiberufliche Forscher (Enquete).

b) Befragung im Interesse der Marktforschung bei allen Fragestellungen
   des Marketings, die aufgrund einer intervenierenden Variablen oder

aus wirtschaftlichen Gründen nicht durch Beobachtungen beantwortet werden können.

3. *Formen:*

a) Nach dem *befragten Personenkreis:* Expertenbefragung und Abnehmerbefragung (Verbraucherbefragung, Händlerbefragung).

b) Nach den *Befragungsformen:* Persönliche Befragung (Interview), schriftliche Befragung, telefonische Befragung (Telefonbefragung) und Internetbefragung oder Onlinebefragung. Die Auswahl der Befragungsform erfolgt unter anderem nach der Länge der Befragung (persönlich: lange Befragungen möglich, telefonisch ist in der Mitte, schriftlich und online nur kurze Befragungen), nach den Kosten (persönlich: hoch, telefonisch: mittel, online und schriftlich niedrig), nach den notwendigen Stimuli (z.B. kann man Bilder persönlich und online gut zeigen) und nach der erforderlichen Schnelligkeit (persönlich und schriftlich langsam, telefonisch und online schnell).

c) Nach der *Zahl der zu untersuchenden Themen:* Einthemenbefragung und Mehrthemenbefragung (Omnibus-Befragung).

d) Nach der Häufigkeit der Befragung: Einmalbefragung (Befragung wird einmalig durchgeführt, auch Ad-hoc-Befragung) oder Wiederholungsbefragung (Befragung wird in regelmäßigen Abständen wiederholt, um Veränderungen zu erfassen), wobei hier unterschieden wird zwischen Panelbefragung (Fragen werden stets an die gleiche Stichprobe gerichtet) und Wellenbefragung (wechselnde Stichproben).

e) Nach den *Arten der Fragestellung (Befragungstaktik):*

(1) Direkte Befragung;

(2) indirekte Befragung: Die Auskunftsperson wird durch geschickte und psychologisch zweckmäßige Formulierung der Fragen veranlasst, über Sachverhalte zu berichten, die sie bei direkter Befragung aus den verschiedensten Gründen verschwiegen oder verzerrt wiedergegeben hätte, oder Zusammenhänge werden durch Korrelationsanalysen

oder experimentelle Anordnungen herausgefunden, ohne dass diese Beziehungen den Auskunftspersonen selbst bewusst werden.

4. *Probleme:* Problematisch sind Befragungen unter Umständen deshalb, weil mit dieser Methode nicht das erhoben wird, was sie zu erheben beabsichtigt (Validität). Die Antworten können falsch oder verzerrt sein, weil die Befragten keine wahre Auskunft geben möchten, weil sie sich nicht mehr richtig erinnern, weil sie die Frage falsch verstehen oder weil durch die Art der Befragung (z.b. Reihenfolge der Fragen, Art der Antwortalternativen) das Antwortverhalten systematisch beeinflusst wird.

5. *EDV-Einsatz bei Befragungen:* computergestützte Datenerhebung.

Behavior Scan

Experimenteller Mikrotestmarkt der GfK in Haßloch und von Mediametrie in Angers (Frankreich) und Le Mans (Frankreich), der Handels- und Haushaltpanel miteinander kombiniert. Es besteht die Möglichkeit, ausgewählten Haushalten und von diesen unbemerkt im Rahmen des laufenden Fernsehprogrammes Testwerbung vorzuführen. Die Trennung in Test- und Kontrollgruppe (mit/ohne Werbung) erlaubt Aussagen über die Verkaufswirkung der Testspots. Experimentell untersucht werden kann ebenfalls die Wirkung von Zeitschriften- und Handzettelwerbung, Produktbemusterung, Instoremaßnahmen und Plakatwerbung.

Bekanntheitsgrad

Prozentsatz der potenziellen Kunden (meist Verbraucher), denen eine Marke bekannt ist. Je nach Untersuchungsmethode (Recalltest) werden ungestützter Bekanntheitsgrad („An welche Werbung der Warengruppe XXX können Sie sich erinnern?") und gestützter Bekanntheitsgrad („Können Sie sich an Werbung der Marke YYY erinnern?") unterschieden. Der Bekanntheitsgrad ist unter anderem Ausdruck für die Effektivität von Werbemaßnahmen (Werbeerfolgskontrolle, Penetration).

Benchmarking

Instrument der Wettbewerbsanalyse. Benchmarking ist der kontinuierliche Vergleich von Produkten, Dienstleistungen sowie Prozessen und Methoden mit (mehreren) Unternehmen, um die Leistungslücke zum sogenannten Klassenbesten (Unternehmen, die Prozesse, Methoden etc. hervorragend beherrschen) systematisch zu schließen. Grundidee ist es, festzustellen, welche Unterschiede bestehen, warum diese Unterschiede bestehen und welche Verbesserungsmöglichkeiten es gibt.

Schritte:

(1) Auswahl des Objektes (Produkt, Methode, Prozess), das analysiert und verglichen werden soll.

(2) Auswahl des Vergleichsunternehmens. Dabei ist wichtig, festzulegen, welche Ähnlichkeiten zur Gewährungsleistung der Vergleichbarkeit gegeben sein müssen.

(3) Datengewinnung (Analyse von Sekundärinformationen; Gewinnung von Primärinformationen, z.B. im Rahmen von Betriebsbesichtigungen).

(4) Feststellung der Leistungslücken und ihrer Ursachen.

(5) Festlegung und Durchführung der Verbesserungsschritte.

Beobachtung

1. *Begriff:* Erhebungsmethode in der Marktforschung; systematische, planmäßige Erhebung von Daten ohne Befragung. Bei der Beobachtung wird von einem oder mehreren Beobachtern von außen erkennbares Verhalten registriert.

2. *Arten:*

a) *Nach dem Eingreifen des Beobachters:*

(1) *Teilnehmende Beobachtung:* Der Beobachter nimmt aktiv auf der gleichen Ebene wie der Beobachtete am Ablauf des Geschehens teil. Relativ selten, z.B. wenn zu beobachtendes Verhalten erst durch

Versuchsleiter induziert werden muss. Stärkere Bedeutung bei der Messung von Wahrnehmung (z.B. Blickregistrierung, Hautwiderstandsmessung, Messung der Pupillenreaktion).

(2) *Nicht-teilnehmende Beobachtung:* Der Beobachter greift nicht aktiv in das Geschehen ein. Relativ häufig; Anwendung vor allem im Einzelhandel, wobei die Beobachtung durch fotomechanische Apparate durchgeführt wird (z.B. Messung der Kundenfrequenzen und des Kundenstroms, Messung der Abverkäufe durch die Scanner-Technologie).

b) *Nach den Beobachtungsbedingungen:*

(1) *Feldbeobachtungen:* Das Verhalten der Beobachtungsobjekte wird in ihrer normalen Umgebung studiert; Beobachtungseffekte entfallen weitgehend.

(2) *Laboratoriumsbeobachtungen:* Die Beobachtung erfolgt unter künstlich geschaffenen Bedingungen (Schnellgreifbühne); Beobachtungseffekte sind häufiger.

c) *Nach dem Beobachtenden:* Hier ist zu unterscheiden, ob die Beobachtung durch einen Menschen stattfindet oder unter Einsatz technischer Geräte erfolgt (z.B. kann die Erfassung der Verkäufe mit Scannerkassen im Supermarkt als Beobachtung aufgefasst werden).

3. *Nachteile:* Das beobachtete Verhalten erlaubt nur begrenzt einen Rückschluss auf die dahinter liegenden Beweggründe (Einstellung, Motiv, Bedarf) des Probanden. Deshalb wird die Beobachtung häufig auch mit der Befragung verknüpft, indem z.B. ein Videofilm über die Beobachtung abgespielt und der/die Beobachtete dazu befragt wird.

Beobachtungseffekt

Änderung des Verhaltens eines Beobachtungsobjektes unter dem Einfluss der Beobachtung. Das Beobachtungsergebnis wird dadurch verzerrt und invalide (sozial erwünschtes Antwortverhalten). Eine dem Paneleffekt ähnliche Erscheinung.

BERI

Abkürzung für *Business Environment Risk Intelligence;* drei spezielle Informationsdienste der BERI S.A. (Genf):

1. *Business Risk Service (BRS):* Ein Panel, in das ein ständiges Gremium von rund 100 internationalen Experten mit Ländererfahrung und -kontakten einbezogen wird. Beurteilt werden dreimal im Jahr die politischen und wirtschaftlichen Risiken von ca. 50 Ländern. Im Zentrum dieses Panels mit einem relativ hohen Aktualitätsgrad steht das Investitionsklima für Ausländer in bestimmten Auslandsmärkten. Zugleich lassen sich hieraus aber auch strategische Anhaltspunkte für andere Betätigungsmöglichkeiten auf Auslandsmärkten gewinnen. Die Beurteilung der 15 vorgegebenen Kriterien, erfolgt für jedes Land mittels der Noten 4 (sehr günstig) bis 0 (unerträglich).

2. *Country Forecast Report (CFR):* detaillierte, mehrseitige Informationsreporte.

3. *Forecast of Country Risk for International Lenders (Forclend):* Auslandsinformationen speziell für Banken und sonstige Kreditgeber bzw. Großanleger.

Beschaffungsmarktforschung

Teil der Marktforschung.

1. *Begriff:* Systematische Sammlung und Aufbereitung von Informationen über aktuelle und potenzielle Beschaffungsmärkte zur Erhöhung ihrer Transparenz (Marktanalyse) und zum Erkennen beschaffungsrelevanter Entwicklungen (Marktbeobachtung).

2. Zentrale *Untersuchungsobjekte* der Beschaffungsmarktforschung sind die zu beschaffenden Einsatzgüter (Materialqualitäten, Werkstoffinnovationen, eingesetzte Produktionsverfahren), die Angebotsstruktur auf den Beschaffungsmärkten (geografische Streuung der Zulieferer, Konkurrenzintensität, relative Wettbewerbspositionen, Angebotsvolumen, -elastizität, Entwicklungen auf Vormärkten), die wirtschaftliche und technische

Leistungsfähigkeit aktueller und potenzieller Lieferanten (Umsatz, Maschinenausstattung, Fertigungsverfahren, Gewinn, Liquidität, Mitarbeiterqualifikation, Produktqualität, Lieferservice, Konditionen, Konkurrenzbelieferung) und der Preis (Preisstrukturanalyse, -beobachtung, -vergleich).

3. Als *Informationsquellen* der Beschaffungsmarktforschung sind neben den traditionellen Quellen (Statistiken, Branchenhandbücher, Geschäftsberichte, Kataloge) Messebesuche, Betriebsbesichtigungen und Einkaufsreisen sowie internetbasierte Informationsquellen relevant. Neben der Objektivität und Vertrauenswürdigkeit der Informationsquellen ist deren permanente Pflege und Weiterentwicklung für eine entscheidungsvorbereitende Beschaffungsmarktforschung unerlässlich.

Beta-Test

Produkttests, die dadurch gekennzeichnet sind, dass sie in möglichst realen Anwendungssituationen direkt beim Nachfrager durchgeführt werden. Damit können Anforderungen der Nachfrager optimal in die Produktentwicklung integriert werden.

Bewusste Auswahl

Zusammenfassende Bezeichnung für nichtzufällige Auswahlverfahren. Zur bewussten Auswahl gehören besonders das Quotenauswahlverfahren und die Auswahl nach dem Konzentrationsprinzip. Der Einsatz von Verfahren der Inferenzstatistik ist bei bewusster Auswahl nicht zulässig.

Bias

1. *Inferenzstatistik:* Differenz zwischen dem Erwartungswert einer Schätzfunktion und dem zu schätzenden Parameter. Wünschenswert ist ein Bias von Null; in diesem Fall liegt Erwartungstreue (Unverzerrtheit) vor.

2. In einem allgemeineren Sinn wird Bias in der *Meinungsforschung* und *Marktforschung* synonym für *Verfälschung von Umfrageergebnissen* verwendet; z.B. heißt die ungewollte Ergebnisbeeinflussung durch den Interviewer *Interviewer-Bias.*

Bildenttäuschungstest

Cartoon-Test, Rosenzweigtest, Picture Frustration Test; Form des Persönlichkeitstests. Der Auskunftsperson werden Abbildungen mit Strichzeichnungen vorgelegt, die enttäuschende Ereignisse darstellen. Die vom Befragten zu ergänzende Antwort der vom enttäuschenden Ereignis betroffenen Person soll Anhaltspunkte über die Persönlichkeit des Befragten liefern.

Bildschirmbefragungssystem

Methode der computergestützten Datenerhebung, bei der die Fragen den Probanden über einen Bildschirm eingespielt oder in ein Mikrofon gesprochen werden. Die Antworten müssen über eine Tastatur, mit Maus oder durch Berühren des Bildschirms eingegeben werden. Damit wird der gesamte Interviewablauf vom Computer gesteuert.

Beispiel: interaktive Onlinebefragung mithilfe des Internets.

Bivariate Analysemethoden

Methoden der statistischen Datenanalyse, die Variablen mit zwei Komponenten (zwei Merkmale bei jedem Merkmalsträger) zum Gegenstand der Analyse haben. In der Marktforschung häufig verwendete Verfahren sind Kreuztabellierung, Korrelationsanalyse und einfache Regressionsanalyse.

Blickregistrierung

Blickaufzeichnung; Verfahren der Aktivierungsforschung zur Messung des Blickverhaltens bzw. der visuellen Informationsaufnahme durch Registrierung der Augenbewegung.

Verfahrensweise: Die Augenbewegung (Saccaden = Sprünge des Auges, Fixationen = Verweilpunkte) wird aufgezeichnet. Nur während Fixationen (Dauer ca. 300 ms) erfolgt eine Informationsaufnahme. Technisch realisiert mittels Spezialbrille und Videoaufzeichnung oder durch Beobachtung der Probanden mit versteckter Kamera.

Anwendung: Messung der Aufmerksamkeitswirkung von Anzeigen oder eines Fernsehspots sowie der Informationsaufnahme einzelner Bild- bzw. Textelemente.

Blindtest

Form des Produkttests, bei der die Herstellerbezeichnung bzw. der Produktname neutralisiert wird und somit nicht erkennbar ist, weil das Produkt unabhängig vom Einfluss der Marke beurteilt werden soll.

CAPI

Abkürzung für *Computer Assisted Personal Interview;* computergestütztes persönliches Interview, bei dem der Interviewer Fragen aus dem PC (Laptop) vorliest und die Antworten direkt eingibt.

Vorteile sind gegenüber der Befragung mit Papierfragebögen, dass komplexere Fragebogensteuerungen realisiert werden können und die Daten unmittelbar nach der Befragung ausgewertet werden können.

Caravan-Test

In der Marktforschung willkürliche Auswahl von Auskunftspersonen, vornehmlich auf Messen, Ausstellungen, bei der Verteilung von Warenproben etc. Der eigentliche Test bzw. die Befragung wird in einer mobilen Einrichtung (z.B. Wohnwagen) durchgeführt. Es wird keine repräsentative Auswahl erzielt. Daher ist die Gefahr eines systematischen Fehlers sehr groß.

CATI

Abkürzung für *Computer Assisted Telephone Interview;* computergestütztes telefonisches Interview, bei dem der Interviewer Fragen aus dem PC vorliest und die Antworten direkt eingibt.

Vorteile: Es können komplexere Fragebogenabläufe realisiert werden und die Daten stehen unmittelbar nach der Erhebung in maschinenlesbarer Form zur Verfügung.

Cluster

Homogene Gruppe von bezüglich eines bestimmten Merkmals gleichartigen Elementen.

Clusteranalyse

Deskriptive Methode der multivariaten Statistik zur Strukturierung der beobachteten Elemente durch Bildung in sich möglichst homogener und untereinander möglichst unähnlicher Gruppen oder Cluster. Die Clusteranalyse erfolgt durch Quantifizierung der Ähnlichkeit zwischen zwei (Mengen von) Elementen mittels Ähnlichkeits- oder Distanzmaßen und anschließender Clusterbildung durch geeignete Algorithmen. Hierbei werden besondere Verfahren mit Austauschalgorithmen (partitionierende Verfahren) und hierarchische Verfahren unterschieden, die sukzessive gegebene Cluster zusammenfassen (agglomerativ) oder aufteilen (divisiv). Daneben gibt es noch Verfahren, welche mit Annahmen bezüglich der Verteilungsform arbeiten, z.B. die Latent Class Analyse. Die Clusteranalyse wird in der Marktforschung insbesondere zur Marktsegmentierung eingesetzt.

Grafische Darstellung von hierarchischen Verfahren: Dendrogramm.

Computergestützte Datenerhebung

Methode der Befragung, bei der Daten über eine Tastatur oder per Spracherkennung in ein Computersystem eingegeben werden. Dies kann persönlich (CAPI), telefonisch (CATI) oder über das Internet (Onlinebefragung) erfolgen. Neben der Einsparung von Kosten für den Interviewerstab und die anschließende Umwandlung der Fragebogendaten in ein maschinenlesbares Format ist das Ziel der computergestützten Datenerhebung, eine schnelle und methodisch einwandfreie Datenerhebung zu gewährleisten. Eine Weiterentwicklung stellt das Bildschirmbefragungssystem dar.

Conjoint Measurement

Conjoint Analysis, Verbundmessung; Verfahren zur Erklärung von Präferenzen aufgrund von Einzelurteilen (multivariate Analysemethoden). Ziel ist herauszufinden, welche Bedeutung einzelne Eigenschaften eines Produktes (z.B. Farbe, Geruch, Preis etc.) für die Gesamtbeurteilung des Produktes haben.

1. *Formen:*

(1) *Traditionelles Conjoint*: Unter der Voraussetzung der Fähigkeit der Testpersonen, Präferenzurteile (Ranking) abzugeben, werden den Versuchspersonen Kombinationen verschiedener Merkmalausprägungen von Objekten präsentiert, die sie nach ihren Präferenzen in eine

Rangfolge oder Skala bringen sollen (z.B. ein rotes Auto mit Sportlenkrad zum Preis von 25.000 Euro vs. ein blaues Auto mit Sportlenkrad
zum Preis von 24.500 Euro). Problem der Datenerhebung: Bei z.B. nur
fünf Merkmalen eines Objektes mit jeweils drei möglichen Ausprägungen ergeben sich bereits 243 mögliche Kombinationen, die in eine
Rangordnung gebracht werden müssten. Deshalb werden statt voller
faktorieller Designs bei Problemen realistischer Größenordnung stets
fraktionelle faktorielle Designs (unvollständige Designs) benutzt, also
nur einzeln Kombinationen abgefragt.

(2) *Hybride Methoden*: Hier wird zunächst für einzelne Eigenschaftsausprägungen abgefragt, wie vorteilhaft diese empfunden werden. Dann
werden ganze Produkte zusammengestellt und miteinander verglichen. Durch diese Vorgehensweise können mehr Eigenschaften
berücksichtigt werden, was für komplexe Produkte wichtig ist. Die
bekanntesten hybriden Methoden sind ACA von Sawtooth und HILCA
von der GfK.

(3) *Choice Based Conjoint (CBC)*: Den Befragten werden mehrmals (bis
etwa 20 mal) eine Auswahl von Produkten angeboten und sie werden
gebeten, sich daraus jeweils das beste Produkt auszuwählen. Dieses
Verfahren hat hohe *Validität*, kann aber nur wenig Produkteigenschaften berücksichtigen.

2. *Ergebnisse*: Die Conjoint-Analyse liefert je Befragten und je Eigenschaftsausprägung einen Teilnutzenwert, der ein Maß dafür ist, wie sehr der bzw.
die Befragte die Eigenschaftsausprägung bevorzugt (bei CBC erhält man
individuelle Werte nur, wenn die sogenannte HB-Schätzung verwendet
wird). Addiert man die Nutzenwerte der Eigenschaftsausprägungen eines
Produkts auf, so erhält man den Gesamtnutzen des Produkts, und zwar
auch für solche Produkte, die gar nicht abgefragt wurden. Eine Verwen-
dungsmöglichkeit ist die Produktoptimierung. Da die Teilnutzenwerte auf
individueller Basis vorliegen, lassen sich die Befragten nach ihren Präferenzen segmentieren.

3. *Grenzen*: Conjoint berechnet den Gesamtnutzen als Summe der Teilnut-zenwerte. Es sollte also nur dann angewendet werden, wenn sich die Nut-zen der Eigenschaften addieren. Dies ist z.B. nicht bei Mode der Fall, da hier einzelne Elemente nicht sinnvoll kombinierbar sind.

Conjoint-Analyse

Multivariate Analysemethode zur Bestimmung des Einflusses selektier-ter Merkmale eines Gutes auf den Gesamtnutzen des Gutes. Die Con-joint-Analyse stellt ein indirekte Art der Befragung dar (Conjoint Mea-surement), bei der Befragungsteilnehmer mehrfach jeweils mit mehre-ren Produktprofilen konfrontiert werden, die verschiedene Kombinationen ausgewählter Merkmalsausprägungen aufweisen. Teilnehmer geben dann ihre Präferenz für das eine oder andere Produkt ab. Auf dieser Basis ent-spricht die Befragungssituation eher der realen Einkaufssituation, bei der nicht die einzelnen Eigenschaften von Produkten separat ausgewertet wer-den, sondern Kombinationen von Eigenschaften vorliegen und eine Abwä-gung des Gesamtnutzens des Produkts zur Einkaufsentscheidung führt.

Die Conjoint-Analyse hat eine herausragende Bedeutung im Preismanage-ment, wo der Einfluss des Preises auf die Kaufentscheidung und somit eine Preisabsatzfunktion sehr gut ermittelt werden können. Auch in der Pro-duktentwicklung spielt sie eine sehr wichtige Rolle.

Coombs-Skalierung

Unfolding-Technik; Verfahren zur Erfassung von Einstellungen. Ausgangs-punkt sind Daten, bei denen die Probanden zwischen verschiedenen Objekten Rangordnungen nach ihrer Bevorzugung bilden. Diese werden in einem langwierigen iterativen Prozess, der nicht immer erfolgreich ist, auf eine eindimensionale Skala umgerechnet. Das Verfahren wandelt also ordinalskalierte Daten in eine (fast) metrische Skala um.

Copy-Test

Psychologisches Testverfahren, bei dem den Befragten eine zu testende Vorlage, in der Regel ein Werbemittel, eine Zeitung oder eine Zeitschrift vorgelegt wird. Copy-Tests messen besonders die Erinnerung und die Wiedererkennung der gesamten Vorlage oder auch einzelner Elemente.

Coupontest

Instrument der Werbeerfolgskontrolle, bei dem Werbemittel (in erster Linie Anzeigen und Direct Mailings) mit Coupons ausgestattet werden (neuerdings auch gebührenfreien Telefonnummern oder Internetadressen). Anzahl und räumliche Verteilung der Rücksendungen bzw. Anfragen ermöglichen Rückschlüsse auf den Werbeerfolg, z.B. über Reichweite und Streuung; Zurechnung zu einzelnen Werbeträgern (Media) wird durch differenzierte Kennzeichnung der Coupons ermöglicht.

Bekanntestes Verfahren: Bestellung unter Bezugnahme auf Werbemittel (BuBaW-Verfahren). Zusätzlich können durch Coupons weitere Adressen für Direct Mailings generiert werden.

CSAQ

Abkürzung für *Computer Self Administered Questionnaire.*

D

Database Marketing

Zielgruppenorientierte Marktbearbeitung auf der Basis detaillierter Informationen zu den Kunden. Diese Informationen werden in einer Datenbank (Database) gespeichert. Die Kunden-Datenbank enthält als spezifische Informationen Stammdaten wie auch Transaktionsdaten (z.B. Verkaufsdaten) zu Personen bzw. Firmen, also Adressdaten, Profildaten (zur spezifischen Kennzeichnung und Klassifikation), Aktions- und Reaktionsdaten.

Datenerhebung

Erhebung der interessierenden Daten, in der Regel durch eine Stichprobe. Dies kann durch Befragung, Beobachtung oder Experiment geschehen.

Datenreduktion

Komprimierung des Datenmaterials einer Erhebung mittels statistischer Methoden auf Graphiken, wenige aussagekräftige Kennwerte oder Reduktion der Anzahl der betrachteten Merkmale. Dem damit zwangsläufig verbundenen Verlust an Einzelinformationen steht die globale Charakterisierung der Gesamtheit als Vorteil gegenüber.

Verwendete Methoden: In erster Linie Tabellen, Maßzahlen (z.B. Mittelwerte, Verhältniszahlen, Indexzahlen), empirische Verteilungen, grafische Veranschaulichungen, aber auch multivariate Analysemethoden, besonders Faktorenanalyse, Clusteranalyse und Regressionsanalyse.

Day-after-Recall-Test

DAR-Test; Form eines Werbetests, bei dem die Untersuchungspersonen einen Tag nach der Ausstrahlung des Fernsehspots bzw. einen Tag nach der Betrachtung einer Anzeige befragt werden ob sie das entsprechende Programm gesehen haben und wenn ja, ob sie sich an die Werbung erinnern können. Das Verfahren wird heute nur noch selten angewendet; statt dessen wird Werbetracking zur Überprüfung ganzer Werbekampagnen eingesetzt.

Decision-Calculus-Modelle

Auf einem von Little (1970) entwickelten Konzept eines Informations- und Entscheidungssystems basierende Modelle. Angestrebt wird eine vereinfachte Nachbildung menschlichen Entscheidungsverhaltens; zugrunde gelegte Modellanforderungen sind entsprechend: Einfachheit, Benutzersicherheit, Anpassungsfähigkeit, Vollständigkeit, Kontrollierbarkeit und Kommunikationsfreundlichkeit.

Delphi-Technik

Delphi-Methode, Delphi-Verfahren.

1. *Begriff:* Form der Expertenbefragung.

2. *Ziel/Nutzen:* Zusammenführung und Analyse von Expertenmeinungen. Ihr Nutzen ist primär heuristischer Natur.

3. *Ablauf:* Experten werden in mehreren Durchgängen zu einer komplexen Problemstellung einzeln schriftlich befragt. Die Gesamtergebnisse jedes Durchgangs werden dabei zu Beginn des folgenden Durchgangs jedem der beteiligten Experten zur Kenntnis gegeben. Unterschiedliche Beurteilungen von Eintrittswahrscheinlichkeiten möglicher Ereignisse in der Zukunft werden miteinander konfrontiert. Mit der Zeit ergibt sich eine Konvergenz und Verengung des Bereichs der durch die Experten abgegebenen Schätzwerte, da die „überzeugendsten" Argumente langfristig in dem Kreis der Befragten diffundieren sollten. Oft konvergieren die Meinungen auch zu polarisierenden Standpunkten.

4. *Annahmen:* Experten kennen die Zukunft besser als andere; mehrere Experten prognostizieren nicht schlechter als ein einzelner.

5. *Probleme:* Unklar ist, ob die Meinung, gegen die die Gruppe konvergiert, einen tiefgründig reflektierten Konsens oder nur das Ergebnis der Tendenz darstellt, dass sich die weniger Überzeugten den stärker Überzeugten anpassen. Es lassen sich Tendenzen feststellen, dass Befragte sich in Richtung der Allgemeinheit korrigieren.

6. *Anwendung:* Unterstützung der Szenario-Technik.

Demoskopie

1. *Allgemein:* Ergründung der öffentlichen Meinung zum Zwecke der Beeinflussung der Gesellschaft oder der Kontrolle von Auswirkungen öffentlich wirkender Maßnahmen.

2. *Methode der Marktforschung:* demoskopische Marktforschung.

Demoskopische Marktforschung

Form der Marktforschung; empirische Untersuchung der Handlungssubjekte in ihrer Funktion als Marktteilnehmer (subjektbezogen). Das menschliche Verhalten wird als Ursache der Marktverhältnisse erforscht mittels persönlicher Befragung oder Beobachtung der Marktteilnehmer, d.h. durch Einbeziehung soziologischer, psychologischer und sozialpsychologischer Gesichtspunkte.

Dendrogramm

Baumdiagramm; graphische Darstellung der Clusterbildung bei Einsatz von Clusteranalysen mit hierarchischen Techniken oder AID-Analyse. Auf jeder Stufe werden jeweils zwei Elemente oder Cluster vereinigt. Der Vorteil dieser Gruppenbildung besteht darin, dass man die Abstände der Gruppen, die zu einer neuen Gruppe zusammengefasst werden, durch die vertikalen Linienzüge verdeutlichen kann.

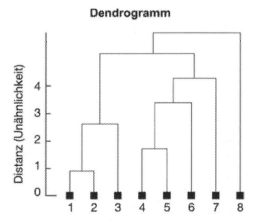

Dendrogramm

Dependenzanalyse

Sammelbegriff für Verfahren der statistischen Datenanalyse, bei denen eine Partitionierung der Datenmatrix stattfindet. Ein Teil der Variablen wird anderen Variablen gegenübergestellt. Die Analyse zielt darauf ab, eine Abhängigkeit (Dependenz) einer oder mehrerer Größen von mehreren anderen Variablen zu analysieren.

Gebräuchliche Verfahren: Varianzanalyse, Regressionsanalyse, Diskriminanzanalyse, AID-Analyse.

Dienstleistungsmarktforschung

Marktforschung auf Dienstleistungsmärkten, z.B. für Banken, Versicherungen, Telekommunikationsfirmen und Verkehrsbetrieben.

Diskriminanzanalyse

Komplex von empirischen Methoden in der multivariaten Statistik zur Einteilung (Klassifikation) vorliegender Einheiten (Personen; Gegenstände) in zwei oder mehrere (Teil)-Gesamtheiten nach Maßgabe der Werte mehrerer metrischer Merkmale oder zur Zuordnung von Einheiten zu Teilgesamtheiten.

Die Trennung der Einheiten erfolgt mithilfe einer sogenannten *Diskriminanzfunktion*, in die die beobachteten Merkmalswerte eingehen.

Distributionsforschung

Teilgebiet der Marketingforschung, das sich mit der Untersuchung der Absatzwege beschäftigt. Hierzu zählen z.B. auch die Erfassung der Effizienz des Einsatzes verschiedener Formen von Außendienstmitarbeitern.

Dritte-Person-Technik

Third Person Technique; psychologisches Testverfahren, bei dem der Testperson unterschiedliche Interpretationen zulassende Situationen vorgegeben werden, für die sie die Reaktion Dritter zu erfinden hat. Es wird angenommen, dass die Testperson dabei ihre eigenen individuellen Einstellungen in die Situation hineinprojiziert (projektive Verfahren).

Drop-out-Rate

Ausfallrate, d.h. Anteil der Stichprobe, der die Antwort verweigert. Bei der Panelforschung ist dies die Panelsterblichkeit.

Dustbin Check

Form der Beobachtung, bei der Haushaltsmüll auf die Verwendung bestimmter Produkte bzw. Marken untersucht wird. Der Dustbin Check kann auch im Haushaltspanel durchgeführt werden. Die Methode wird angewendet bei Untersuchungspersonen, die sich einer Befragung entziehen oder einer solchen nicht gewachsen sind.

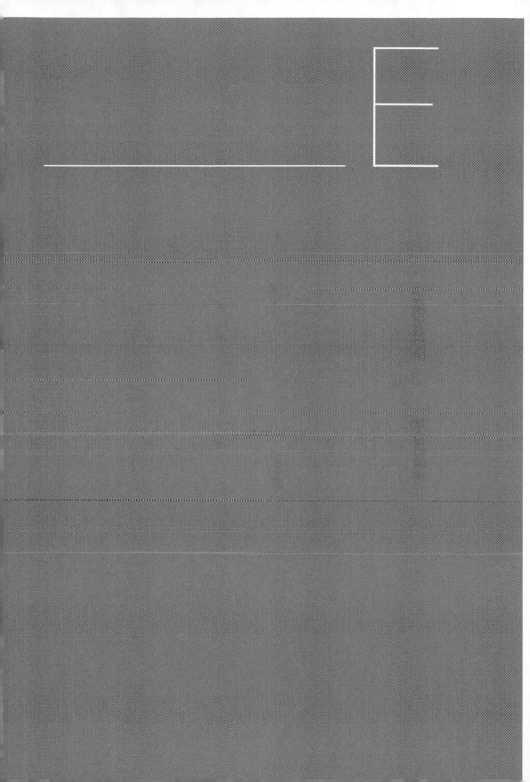

E

Einschaltquote

Anteil der zu einem Zeitpunkt oder in einem Zeitraum auf einen bestimmten Sender eingeschalteten Radio- bzw. Fernsehgeräte an der Gesamtzahl der im Empfangsgebiet vorhandenen Radio- bzw. Fernsehgeräte. Gemessen werden die Einschaltquote für das Fernsehen in ausgewählten Haushalten (Panel), für Radio durch Befragung.

Einstellung

1. *Begriff:* Subjektiv wahrgenommene Eignung eines Gegenstands (Produkt, Person, Situation etc.) zur Befriedigung von Bedürfnissen (Motivation; Motiv). Wird auch als *Image* bezeichnet.

Einstellung gilt als *„hypothetisches Konstrukt",* das nicht direkt und unmittelbar beobachtet werden kann, sondern in der Regel aus verbalen Stellungnahmen oder offenem Verhalten erschlossen wird (Neobehaviorismus); ein Subjekt besitzt einem Objekt gegenüber eine positive, negative oder neutrale Einstellung.

Das *Einstellungskonzept* geht dabei vom Individuum zum Gegenstand in subjektiv-individualisierter Form (Subjektperspektive) aus; Gegenstände können interpersonell unterschiedlich eingeschätzt werden.

Das *Imagekonzept* geht dagegen vom Gegenstand (Objektperspektive) in objektivierter Beurteilung aus (Personen-, Kaufstätten-, Unternehmens-, Länderimages der öffentlichen Meinung, Imagetransfer); mehrere Personen (im Grenzfall alle) besitzen einem Objekt gegenüber die gleiche oder zumindest ähnliche Einstellung, weil vom Objekt ein bestimmtes, intersubjektives Image ausgeht. Image kann mithin als generalisierte, stereotype Einstellung des betreffenden Objekts angesehen werden.

2. *Komponenten:*

(1) *kognitive (erkenntnismäßige) Komponente,* die sich in den Vorstellungen, Kenntnissen und Meinungen gegenüber einem Objekt äußert;

(2) *affektive (emotionale) Komponente,* die sich auf eine gefühlsmäßige, mit dem Objekt verbundene Haltung bezieht;

(3) *konative (handlungsbezogene) Komponente,* die sich auf eine grundsätzliche Handlungstendenz (z.B. Kaufhandlung) bezieht. In der Regel sind alle drei Komponenten konsistent aufeinander abgestimmt: Die Konsistenz von Denken, Fühlen und Handeln gegenüber einem Objekt kennzeichnet eine Einstellung

3. *Messprobleme:* Im Rahmen der Erforschung des Käuferverhaltens geht es vor allem um die Frage, ob aus positiven Einstellungen gegenüber einem Kaufobjekt Kaufabsichten oder -handlungen gefolgt bzw. prognostiziert werden können; hierzu liegt eine Vielzahl von Studien vor, die zum Teil widersprüchliche Ergebnisse liefern. Experimentelle (z.B. Störfaktoren) und messmethodische Schwierigkeiten (z.B. Ein- oder Mehrdimensionalität) sind hierfür verantwortlich.

Einstellungsforschung

Imageforschung; Teilgebiet der Marktforschung bzw. der Konsumentenforschung, das die Erfassung der Einstellung zu einem Unternehmen oder zu einem Produkt bei einer bestimmten Zielgruppe zum Gegenstand hat. Problematisch ist die Messung der Einstellung. Im Rahmen der Einstellungsforschung kommt unter anderem das Verfahren der multidimensionalen Skalierung (MDS) zum Einsatz.

Einthemenbefragung

Form der Befragung, bei der nur ein Thema untersucht wird.

Eisbrecher

Kontaktfrage; Bezeichnung der Meinungsforschung für eine geeignete Einstiegsfrage bei einer Befragung.

Dabei soll durch eine geschickte Frage, die leicht zu beantworten ist, das Interesse des/der Befragten geweckt und gleichzeitig zum Thema hingeführt werden.

Ergebnisfrage

Frage in einer Befragung, die dem unmittelbaren Erkenntnisinteresse dient.

Erhebung

Datenerhebung; die Ermittlung der Ausprägungen der Merkmale bei den Elementen einer Untersuchungsgesamtheit. Eine Erhebung kann in Form einer schriftlichen oder mündlichen Befragung (Fragebogen, Interview) oder durch Beobachtung erfolgen. Man unterscheidet primärstatistische Erhebung (Primärstatistik) und sekundärstatistische Erhebung (Sekundärstatistik). Je nachdem, ob die Grundgesamtheit vollständig erfasst oder ob ihr eine Stichprobe entnommen wird, spricht man von Vollerhebung oder Teilerhebung.

Diejenigen Subjekte oder Objekte, deren Merkmalsausprägungen festgestellt werden, werden als *Erhebungseinheiten* oder *Untersuchungseinheiten* bezeichnet.

Evoked Set

Begriff aus dem Konsumentenverhalten unter dem eine begrenzte Zahl akzeptierter Produktalternativen innerhalb einer Produktkategorie verstanden wird, über die der Konsument ein klar profiliertes Meinungsbild besitzt und die bei einer anstehenden Kaufentscheidung berücksichtigt werden. Das Evoked Set ist ein Teil des Awareness Set.

Ex-ante-Analyse

Zukunftsorientierte Untersuchung der Wirkung bestimmter Marketingmaßnahmen (Pretest).

Ex-post-Analyse

Vergangenheitsorientierte Untersuchung der Wirkung bestimmter Werbe- oder Marketingmaßnahmen (Posttest).

Experiment

Versuchsanordnung in der Psychologie und Marktforschung.

1. *Begriff:* Planmäßige Erhebung empirischer Sachverhalte zur Prüfung von Hypothesen. Dabei müssen mehrere Arten von Variablen unterschieden werden. Die *Testvariable* oder *unabhängige Variable* ist die Variable, deren

Einfluss von Interesse ist. Im Beispiel eines neuen Getränks, für das überprüft werden soll, ob eine Einführung lohnend ist, ist das die Variable „Einführung" vs. „Nichteinführung". Die *Zielvariable* oder *abhängige Variable* ist die Variable, für die untersucht werden soll, wie sie sich verändert, wenn die Testvariable verändert wird. Im Beispiel kann dies der Marktanteil des neuen Getränks sein. Darüber hinaus gibt es häufig noch *intervenierende Variable* oder *Störvariable*, die auch die Zielvariable beeinflussen, deren Einfluss aber nicht interessiert. Das *Testdesign* legt fest, wie welche Daten erhoben werden. Aufgabe des Testdesigns ist es, den Test so zu gestalten, dass der Einfluss der intervenierenden Variablen entweder zu eliminiert wird oder aber herausgerechnet werden kann.

2. *Arten:*

a) *Laboratoriums-Experiment:* Experiment unter künstlich geschaffenen Bedingungen; Ziel ist es, die intervenierenden Variablen möglichst konstant zu halten; *Feld-Experiment:* Experiment unter normalen sozialen Umweltbedingungen.

b) *Projektives Experiment:* Der Forscher schafft von sich aus die Bedingungen, die das zu untersuchende Geschehen beeinflussen; *Ex-Post-Facto-Experiment:* Im normalen Ablauf der Ereignisse werden nachträglich bereits abgeschlossene Wirkungszusammenhänge rekonstruiert.

c) Eine weitere Differenzierung der Experimente ergibt sich aus der Kombination der *Zahl verwendeter Untersuchungsgruppen* (Experimental Group = E, Control Group = C) sowie der *Zeitpunkte der Messung* (vor Eintritt des Wirkungsfaktors = B, nach Eintritt des Wirkungsfaktors = A):

(1) *EBA-Typ:* Die Vorher- und Nachhermessungen werden ausschließlich bei der Experimental Group durchgeführt. Nachteilig ist hier, dass zeitabhängige intervenierende Variable wie z.B. das Wetter nicht herausgerechnet werden können.

(2) *CB-EA-Typ:* Die Messung vor Eintritt des Wirkungsfaktors wird bei der Kontrollgruppe, die Messung nach Eintritt des Wirkungsfaktors bei

der Versuchsgruppe durchgeführt. Nachteilig ist, dass gruppenabhängige Störgrößen wie z.b. andere Soziodemografie der Mitglieder der Experimentalgruppe und der Kontrollgruppe nicht herausgerechnet werden kann.

(3) *EBA-CBA-Typ:* Dieser Typ entspricht den klassischen Grundsätzen des Experiments. Es erfolgt eine Trennung in Personen, die dem Wirkungsfaktor ausgesetzt waren (Versuchsgruppe), und in solche, die von Ihm nicht erreicht wurden (Kontrollgruppe). Für beide Gruppen wird das Untersuchungsmerkmal vor (Vorperiode) und nach (Testperiode) Eintritt des Wirkungsfaktors gemessen. Der Testeffekt ergibt sich dann aus (B/A)/(D/C), wobei A: Zielvariabe Experimentalgruppe Vorperiode, B: Zielvariable Experimentalgruppe Testperiode, C: Zielvariable Kontrollgruppe Vorperiode, D: Zielvariable Kontrollgruppe Testperiode. Ergibt sich hier ein Wert von z.b. 1,24, so besagt dies, dass die Testvariable einen Einfluss von 24 Prozent hat.

(4) *EA-CA-Typ:* Hier wird zwar zwischen Versuchs- und Kontrollgruppe unterschieden, man beschränkt sich aber auf eine Messung des Untersuchungsmerkmals, die zeitlich nach der Auswirkung des Faktors liegt. Nachteilig ist auch hier, dass a priori bestehende Unterschiede zwischen den Gruppen nicht herausgerechnet werden können.

Experimenteller Markt

Testmarkt, in dem die Zuordnung von Marketingmaßnahmen (z.B. Werbung) zu Haushalten mithilfe moderner Kommunikationstechnologien wie Bildschirmtext, Kabelfernsehen oder durch gezielte Steuerung von Werbematerialien ermöglicht wird. Messung der Wirkung der Marketingmaßnahme auf den Haushalt in der Regel durch Erfassung der Einkäufe der Haushalte im Markt mithilfe der Scanner-Technologie.

Vorgehen: Das Scanner-Haushaltspanel wird in Test- und Kontrollgruppen aufgeteilt, wobei entweder nur die Testgruppe der Werbung ausgesetzt wird oder beide Gruppen unterschiedliche Werbebotschaften empfangen.

Da beide Gruppen im gleichen Markt einkaufen, ist das „Matching" (Matched Samples) von Test- und Kontrollgruppe praktisch perfekt gelöst. Die Messung ist nicht reaktiv.

In der Bundesrepublik Deutschland hat die GfK mit Behavior Scan ein ähnliches System installiert.

Expertenbefragung

Verfahren zur Erhebung von Daten, z.B. zur qualitativen Prognose oder zur weiteren Durchleuchtung eines komplexen Sachverhalts. Anwendung in Situationen, in denen nur wenige oder vorwiegend qualitative Daten vorliegen. Dient oft auch als Vorbereitung einer quantitativen Erhebung. Befragung von internen (dem untersuchenden Unternehmen zugehörend) und externen Experten; häufig in Form der Delphi-Technik.

Explorative Verfahren

Teilbereich der psychologischen Testverfahren. Alle Formen der qualitativen unstrukturierten Interviews mit Einzelpersonen oder auch Gruppen, die der Erhebung erlebter und reaktivierbarer Sachverhalte dienen und geeignet sind, einen zu untersuchenden Sachverhalt genauer zu strukturieren, bzw. zu präzisieren. Häufig genutzt werden Tiefeninterviews oder Gruppendiskussionen.

Exponentielles Glätten

Exponential Smoothing; Verfahren der kurzfristigen direkten Prognose auf der Grundlage einer Zeitreihe. Ist $y_{T-1,T}$ der Prognosewert für die Periode T, berechnet unter Verwendung der Vergangenheitsbeobachtungen bis zur Periode T - 1, und x_T der Beobachtungswert der Periode T, so ist (rekursive Definition)

$$y_{T,T+1} = \alpha\, x_T + (1 - \alpha)\, y_{T-1,T}$$

die Prognose für Periode T + 1 unter Berücksichtigung von Vergangenheitswerten bis zur Periode T (verwendbar nur bei konstantem Trend). Der Wert α ($0 < \alpha < 1$) heißt *Glättungskonstante* und wird aus dem Sachzusammenhang heraus festgelegt. Man kann zeigen, dass die Vergangenheitswerte mit abnehmender Aktualität mit den abnehmenden Gewichten α; $\alpha(1-\alpha)$; $\alpha(1-\alpha)^2$; ... (geometrische Folge) in die Prognose eingehen. Liegt ein linearer Trend vor, ist exponentielles Glätten geeignet zu variieren *(exponentielles Glätten 2. Ordnung; exponentielles Glätten mit Trendkorrektur)*. Das exponentielle Glätten zeichnet sich aus durch Einfachheit des Ansatzes und durch die Möglichkeit dosierter Berücksichtigung der jüngeren und älteren Vergangenheit.

Anwendung: Z.B. bei der kurzfristigen Bedarfsermittlung.

Faktorenanalyse

Verfahren der multivariaten Statistik zur Datenverdichtung. Bei der Faktorenanalyse werden Variablen (z.B. Einzeleigenschaften von Produkten) zu wenigen, wesentlichen und nicht beobachteten Variablen (sogenannte Faktoren) verdichtet. Faktorenanalyse wird unter anderem im Marketing und in den Bereichen Psychologie und Soziologie verwendet. Ein Beispiel sind Intelligenztests, in denen die Ergebnisse vieler Einzeltests (Merkmale) zu übergeordneten Gruppen von Merkmalen (sogenannte Faktoren) zusammengefasst werden.

Feldforschung

Field Research; Bezeichnung der Marktforschung für primär-statistische Erhebungen (Primärstatistik) in einer natürlichen Umgebung.

Gegensatz: Laborforschung, Schreibtischforschung.

Feldzeit

Richtwert beim schriftlichen Interview für die Zeit bis zur Erreichung einer ausreichenden Rücklaufquote. Feldzeit kann durch Repräsentativitätsverzicht verkürzt oder durch zusätzliche Nachfassaktionen verlängert werden.

Fernsehforschung

Teilgebiet der Medienforschung. Auch *Zuschauerforschung* oder *Fernsehzuschauerforschung*

1. *Durchführung:* In Deutschland wird die Fernsehforschung von der GfK im Auftrag der Arbeitsgemeinschaft Fernsehforschung (AGF) durchgeführt. Dafür wurde ein Panel von über 5500 Haushalten aufgestellt. Jeder dieser Haushalte erhält ein Gerät Telecontrol XL, welches automatisch den eingeschalteten Sender erkennt. Zusätzlich melden sich die Personen des Haushalts auf einer personalisierten Taste an, sodass ermittelt werden kann, wer dem eingeschalteten Programm zusieht. Die Daten werden nachts an die GfK übertragen und stehen den Sendern bereits am nächsten Tag zur Verfügung.

2. *Ergebnisse:* Wichtige Ergebnisse sind Einschaltquoten, Sehbeteiligung, Seheranteile etc.

3. *Nutzung:* Die Daten werden genutzt für die Programmplanung der Sender, für die Optimierung von Sendungen und die Planung der TV-Werbung von Herstellern.

Fernsehzuschauerpanel

Gleichbleibende Stichprobe von Haushalten, bei der das Fernsehzuschauerverhalten der jew. Haushaltsmitglieder kontinuierlich erfasst wird (Fernsehforschung).

Filterfrage

Frage, mittels der Auskunftspersonen, die eine bestimmte Voraussetzung nicht erfüllen, z.B. von der Beantwortung der nachfolgenden Fragen eines Fragebogens ausgeschlossen werden.

Fishbein-Modell

Modell zur Messung der Einstellung. Zugrunde liegt die Annahme, dass zwischen der Einstellung einer Person zu einem Objekt und der kognitiven Basis dieser Person ein funktionaler Zusammenhang besteht. Es werden die affektive und die kognitive Komponente einer Eigenschaft dieses Objekts multiplikativ zum sogenannten Eindruckswert verknüpft.

Folder-Test

Anzeigen-Wirkungs-Test; Verfahren zur Messung der Wiedererkennung (Recognitiontest) von Werbebotschaften. Den Versuchspersonen werden Zeitschriftenhefte mit publizierten und nachträglich eingefügten Anzeigen (Testanzeigen) vorgelegt, wobei die Wiedererkennung abgefragt wird. Die nachträglich eingefügten Anzeigen dienen dazu, die Verzerrung durch vermeintliches, aber nicht echtes Wiedererkennen abzuschätzen. Der Folder-Test ist ein Instrument zur Überprüfung der Werbewirksamkeit von Anzeigen und im Vergleich zu Konkurrenzanzeigen.

Fragebogen

Grundlage für Erhebungen; Arbeitsmittel bei Befragung. Im Fragebogen sind schematisch die eindeutig bestimmten Erhebungseinheiten und Erhebungsmerkmale (Merkmal) verankert. Fehlerfreie Ausfüllung ist durch Erläuterungen oder Mustereintragung anzustreben und zu überprüfen (Kontrollfrage).

Arten:

(1) *Individual-Fragebogen:* auszufüllen von jeder in die Untersuchung einbezogenen Person.

(2) *Kollektiv-Fragebogen:* zu beantworten von den für eine Sach- oder Personengruppe Verantwortlichen (z.b. Unternehmer bei Maschinenzählung; Haushaltsvorstand für Familie bei der Volkszählung).

Gliederung: Der Fragebogen beginnt mit dem *Einleitungstext,* welcher das Thema, die befragende Organisation, die ungefähre Dauer, einen Hinweis auf die Freiwilligkeit der Befragung sowie eine Motivation für die Beantwortung der Fragen enthalten sollte. Es folgen die Einleitungsfrage, welche auch als Eisbrecherfrage bezeichnet wird und die psychologisch geschickt Interesse wecken und zum Thema hinführen soll. Dann kommen die eigentlichen Fragen, wobei auf einen logischen Aufbau (grundsätzlich vom Allgemeinen zum Speziellen) und die Variation der Fragenformen zu achten ist. Auch sind Reihenfolgeeffekte zu berücksichtigen. Zum Schluss erfolgt die Abfrage der Soziodemografie sowie der Dank für die Teilnahme.

Brauchbarkeit des Fragenschemas ist durch vorherige Probeerhebung (Pretest) und Aufbereitung zu prüfen.

Füllfrage

Methodische Frage, mit deren Hilfe die Befragungsbedingungen für alle Befragungspersonen gleich gehalten werden.

G-Wert

Von der GfK entwickeltes Maß zur Beurteilung der Güte von Plakatstellen nach der Passantenfrequenz und der aufgrund der Lage sowie der Umgebung einer Plakatstelle sich ergebenden Erinnerbarkeit. Der G-Wert drückt aus, wie viele Menschen sich im Durchschnitt pro Stunde nach dem Passieren einer Plakatstelle an ein Motiv mittlerer Qualität erinnern.

Gabelungsfrage

Ablaufordnungsfrage, nach der verschiedene Befragungspersonen zu unterschiedlichen Themen befragt werden. So können bei einer Befragung zu Deomitteln die Verwender von Rollern dem einen Befragungsast folgen, die von Sprays einem anderen.

Gain-and-Loss-Analyse

Methode der Marktforschung, bei der Mitglieder eines Panels auf Käuferwanderung in Bezug auf Marken und Einkaufsmengen untersucht werden. Ist die Stichprobe repräsentativ, können wertvolle Informationen über mengenmäßige Marktanteilsgewinne und -verluste einzelner Marken sowie über Marktanteilsschwankungen durch neue Käufer bzw. Abstinenz alter Käufer gewonnen werden. Ziel ist festzustellen, welche Marken durch ein neues oder verändertes Produkt geschädigt werden.

Gebietsverkaufstest

Methode zur Messung des Marketingerfolgs, (z.B. des ökonomischen Werbeerfolgs) oder des Erfolgs von Verkaufsförderungsaktionen (Werbeerfolgskontrolle). Gebietsverkaufstest beruht auf Absatzkontrollen bei repräsentativ ausgewählten Einzelhandelsunternehmen in regional begrenzten und gleichartig strukturierten Absatzmärkten (Experimental- und Kontrollgebiet), auf denen unterschiedliche Marketingmaßnahmen durchgeführt wurden.

Genauigkeitstafel

Arbeitshilfe für methodische Marktanalyse durch Umfragen: Zahl der aus-zugebenden Fragebogen und gewünschter Grad repräsentativer Genauig-keit für das angestrebte Ergebnis werden zueinander in Beziehung gesetzt. Die Genauigkeit wächst nur mit der Quadratwurzel der Fragebogenzahl; sie nimmt mit dem Prozentsatz von den Gesamtantworten ab, die auf das untersuchte Merkmal Bezug nehmen. Sind Häufigkeit des Merkmals und Zahl der Fragebogen bekannt, so gibt die Genauigkeitstafel in Prozent an, innerhalb welcher Grenzen bzw. mit welcher Wahrscheinlichkeit das Ergebnis gilt. Dies ist allerdings nur für Anteilswerte möglich. Für andere Werte (z.B. Einkaufsmengen) ist der Rückgriff auf die Rohdaten erforder-lich.

Geschichtete Auswahl

Verfahren der Zufallsauswahl, bei dem die Grundgesamtheit zunächst in Schichten unterteilt wird, innerhalb derer mit einfacher Zufallsauswahl die benötigte Anzahl an Untersuchungseinheiten gezogen wird. Der Genau-igkeitsgewinn ist umso höher, je homogener die Schichten im Vergleich zur Grundgesamtheit sind. Ein weiterer Vorteil der Schichtung ist, dass es auch möglich ist, Ergebnisse pro Schicht mit einer vorgegebenen Genauigkeit auszuweisen.

Geschlossene Frage

Frage in einer Befragung, bei der die Menge der möglichen Antworten begrenzt ist.

Geschmackstest

Produkttest, bei dem die Untersuchung des Geschmacks im Vordergrund steht.

Grundgesamtheit

Menge aller potenziellen Zielpersonen für eine Untersuchung.

Gruppendiskussion

Verfahren der qualitativen Marktforschung, bei dem Befragungen und psychologische Testverfahren in kleinen Verbrauchergruppen zum Einsatz kommen. Aufgrund der Interaktion der Gruppenteilnehmer sind umfangreichere und spontanere Erkenntnisse zu erwarten als in einem Einzelinterview.

Gütekriterien

Kriterien zur Beurteilung der Qualität der Daten, die bei einem Messvorgang erhoben wurden oder der Qualität von Analyseergebnissen:

(1) Objektivität,

(2) Reliabilität und

(3) Validität.

Nur wenn allen Gütekriterien innerhalb bestimmter Bandbreiten Rechnung getragen wird, können aus einer Untersuchung verlässliche Schlussfolgerungen gezogen werden.

Guttman-Skalierung

Skalogrammverfahren; Skalierungsverfahren zur Messung der konativen Einstellungskomponente (Einstellung), basierend auf der Konstruktion monoton abgestufter Ja-Nein-Fragen.

1. *Konstruktion:*

(1) Formulierung einer großen Menge von monoton-deterministischen Fragen.

(2) Befragung einer Testgruppe.

(3) Darstellung der Ergebnisse in Matrixform. Bei fehlerhaften Antwortschemata werden Fragen umgruppiert bzw. eliminiert.

(4) Zuordnung von numerischen Werten zu den Antwortschemata in der Reihenfolge ihres Auftretens, sodass die zugemessenen Werte den Rangplatz der betreffenden Testperson definieren.

2. *Anwendung:* in der eigentlichen Erhebung werden dann den Testpersonen die Rangplätze zugeordnet, die ihrem Antwortschema entsprechen.

3. *Vorteil:* fragebogentechnische Einfachheit.

Nachteil: Schwierigkeiten bei der Konstruktion der Skala.

Halo-Effekt

Störeffekt bei der Einstellungs- und Imagemessung. Die Versuchspersonen lassen sich bei ihrer Einschätzung verschiedener Produkte von übergeordneten Sachverhalten bzw. einem bereits gebildeten Qualitätsurteil (z.B. die Einstellung zu bayerischem Bier wird von der Einstellung zu Bayern dominiert) bzw. von der Beantwortung vorher gestellter Fragen (Ausstrahlungseffekte) leiten.

Handelsmarktforschung

Marktforschung bei Handelsunternehmen. Diese geschieht vor allem durch Händlerbefragungen oder durch Handelspanels. Ziel ist vor allem die Feststellung der Distribution, ihrer Arten und Einflussgrößen, als wichtige Voraussetzung für den Markterfolg eines Produkts.

Handelspanel

1. *Begriff:* Panel von ausgewählten Einzel- bzw. Großhandelsbetrieben. Am weitesten verbreitet ist das *Einzelhandelspanel* in der allgemeinen Form, daneben auch spezielle Panels, wie etwa *Branchen-Panel* oder *Fachhandelspanel*, z.B. Apothekenpanel.

2. *Erhebung:*

a) *Erhebungsgegenstände:* Erhoben wird in erster Linie der Endverbraucherabsatz der einzelnen Geschäfte; ferner die Warenbestände und deren Veränderung, Ein- und Verkaufspreise sowie die räumliche Verteilung der Betriebe, die ein bestimmtes Produkt führen, sowie Bezugsquellen, Bestellmengen und -termine, Lagerbestände und Umschlagshäufigkeiten. Dadurch lässt sich eine Reihe von Daten gewinnen, die über den reinen Umsatz pro Artikel und Händler hinausgehen. Beispiele hierfür sind Menge, Wert und durchschnittliche Endverbraucherpreise, derzeitiger Lagerbestand beim Handel und durchschnittliche Einkaufsmengen sowie Distributionsquoten (= Anzahl und Anteil der Geschäfte, die das Produkt führen, bevorraten, einkaufen und verkaufen). Nur mit dem Einzel- und Großhandelspanel sind die Umsätze zu erfassen, die auf Nicht-Haushalte wie Gaststätten, Großverbraucher etc. entfallen.

b) *Erhebungsmethode:* Früher vorwiegend manuell, d.h. der Endverbraucherabsatz wird ermittelt aus der Summe von Anfangsbestand und Einkäufen abzüglich Endbestand, der jeweils manuell durch Zählen ermittelt werden muss (Beobachtung). Mit zunehmender Verbreitung von computergestützten Warenwirtschaftssystemen und Scannerkassen hat das Scanner-Handelspanel das traditionelle Handelspanel verdrängt.

3. In der *Bundesrepublik Deutschland* vor allem durchgeführt von Nielsen sowie der Gesellschaft für Konsum-, Markt- und Absatzforschung (GfK).

Haushaltspanel

1. *Begriff:* Panel eines repräsentativen Kreises von Haushalten (die Untersuchung bezieht sich auf den gesamten Haushalt und nicht auf die Einzelperson). Bedeutendste Form des Verbraucherpanels.

Erfasst wird nicht der Verbrauch der Haushalte, sondern die Einkäufe im Handel; damit stellt das Haushaltspanel gewissermaßen ein Spiegelbild des Handelspanels dar.

2. *Erhebung* des Datenmaterials überwiegend elektronisch durch Handscanner, am POS oder über das Internet, für spezielle Bereiche auch schriftlich.

3. *Wichtige Ergebnisse: Käuferkreis* (Anteil der Käufer an allen Haushalten) als Ausdruck eines Produkts, Probierkäufer anzuziehen. Wird beeinflusst von der Bekanntheit des Produkts, seiner Distribution und der Probierkaufattraktivität. *Wiederkaufsrate* (Anteil der Käufer, die öfter als nur einmal kaufen) als Ausdruck der Produktzufriedenheit. Wird vor allem beeinflusst durch die wahrgenommene Produktqualität und den Preis des Produkts.

Hautwiderstandsmessung

Messung des Hautwiderstandes (elektrodermale bzw. psychogalvanische Reaktion) der Testpersonen mittels Elektroden als physiologischer

Indikator der psychischen Aktivierung. Veränderungen des elektrischen Widerstandes der Haut (Reaktion) bei Einwirkung von Reizen (z.B. Werbung) geben Auskunft über Grad der Aktivierung und das Aktivierungspotenzial der Reize.

Nicht messbar sind die Richtung und die Qualität der Reaktion, d.h. ob ein Reiz als positiv oder negativ empfunden wird; hierfür ist zusätzlich eine Befragung notwendig.

Identifikationstest

Methode der Werbemittelforschung; Test zur Feststellung der Aufmerksamkeitswirkung (Aufmerksamkeit) von Werbemitteln. Der Werbeappell wird dem Befragten unvollständig (maskiert, Fortlassen von Worten, Bildern etc.) präsentiert. Die Auskunftsperson soll das Werbemittel identifizieren und die fehlenden Elemente ergänzen. Anwendbar auf optische und akustische Werbemittel.

Technisches Hilfsmittel: Videometer.

Impact-Test

1. *Begriff:* Verfahren des Recalltests zur Messung der Erinnerungswirkung von Werbung. Die Befragung erfolgt ungestützt (Unaided Recalltest).

2. *Ablauf:* Einer Stichprobe ausgewählter Personen wird eine Zeitschrift zum Lesen vorgelegt. Später wird erhoben, an welche Anzeigen oder Markennamen sich die Auskunftspersonen erinnern. Eine anschließende Befragung klärt Grad der Erinnerung und hinterlassenen Eindruck.

3. *Ergebnis:* Prozentsatz der Erinnerung je Anzeige, Grad der Einprägung, Art der Reaktion (positiv, negativ) und andere.

4. *Einsatz* als Pretest und Posttest.

Information Broking

Recherche und Aufbereitung von Informationen im Rahmen der Marktforschung. Zu den Dienstleistungen des Information Broking zählen die Überprüfung von gewerblichen Schutzrechten und die Markt- und Konkurrenzanalyse.

Informationsbroker

Spezialist, der unter Zuhilfenahme der elektronischen Datenverarbeitung bzw. Datenfernübertragung Informationen aus nationalen und internationalen Datenbanken zum Zwecke der Marketingforschung bzw. Marktforschung zusammensucht.

Informationsverhaltensforschung

Teilgebiet der Marktforschung, das die Erfassung des Informationsverhaltens einer bestimmten Zielgruppe zum Gegenstand hat. Untersuchungsgegenstände sind der Informationsbedarf, die Art und Weise der Informationsbeschaffung sowie die Informationsaufnahme, -verarbeitung, -speicherung und -weitergabe. Die Erkenntnisse der Informationsverhaltensforschung werden bei der Planung und Gestaltung von kommunikationspolitischen Maßnahmen berücksichtigt.

Informelle Untersuchung

In der Markt- und Meinungsforschung eine Ermittlung ohne Befragung im engeren Sinne. Die informelle Untersuchung sucht Antwort auf eine bestimmte Frage, die aber nicht gestellt wird. Der Interviewer muss sich durch indirekte Fragen (indirekte Befragung) Gewissheit über den Gegenstand der informellen Untersuchung verschaffen. Gefahr des Bias besonders groß.

Interdependenzanalyse

Sammelbegriff für einen Teil der Verfahren der statistischen Datenanalyse. Alle Methoden, die keine Partitionierung der Datenmatrix vornehmen, also eine Wechselwirkung der Variablen untereinander untersuchen und nicht wie die Dependenzanalyse Abhängigkeiten analysieren.

Am meisten verwendete Verfahren: Faktorenanalyse, Conjoint Measurement, Clusteranalyse, multidimensionale Skalierung (MDS).

Internationale Marktsegmentierung

1. *Begriff:* Aufspaltung des Weltmarktes in Teilmärkte mit dem Ziel, in sich möglichst homogene, nach außen aber möglichst heterogene Segmente abzugrenzen (Marktsegmentierung), um eine Selektion von Auslandsmärkten und eine segmentgerechte Marktbearbeitung vornehmen zu können.

2. *Verfahren:* Im Rahmen einer Grobauswahl werden zunächst Ländersegmente anhand spezifischer Länderkriterien gebildet. Segmentierungs-

kriterien können sozio-ökonomischer (Bruttonationaleinkommen, Kauf-kraft etc.), politisch-rechtlicher (Länderrisiko, Wirtschaftssystem etc.), natürlich-technischer (Klima, Infrastrukturen etc.) und sozio-kulturel-ler Natur (Religion, Sprache, Wertesystem, Kaufverhalten etc.) sein. Anschließend wird innerhalb der ausgewählten Ländermärkte zwischen verschiedenen Nachfragesegmenten differenziert (z.B. nach Einkommen, Geschlecht etc.). Einen weiteren Ansatz stellt dagegen die weltweite bzw. über Ländergrenzen hinweg gehende Segmentierung von Abnehmern nach verschiedenen kaufrelevanten Merkmalen dar (z.B. Jugendliche mit gleichen Interessen).

Intervenierende Variable

Im Organismus ablaufende psychische Prozesse im Rahmen des SOR-Mo-dells (Käufer- und Konsumentenverhalten), auch als *theoretisches Konst-rukt* (z.B. Einstellungen, Bedürfnisse, Motive) bezeichnet, da sich die inter-venierenden Variablen einer direkten Beobachtung entziehen, dennoch aber indirekt gemessen werden können.

Interview

1. *Begriff:* Form der Befragung. Die Ausprägungen von Untersuchungs-merkmalen werden in einem Gespräch zwischen einem Fragesteller (Interviewer) und dem Befragten ermittelt.

2. *Formen:*

a) Nach den *Vorgaben:*

(1) *Standardisiertes Interview:* Die Reihenfolge und Formulierung der ein-zelnen Fragen ist schriftlich vorgegeben, um vor allem eine möglichst hohe Vergleichbarkeit der einzelnen Interviewergebnisse sicherzu-stellen.

(2) *Freies (unstrukturiertes) Interview:* Ziel und Thema der Befragung wer-den vorgegeben. Reihenfolge und Formulierung der einzelnen Fragen sind dem Interviewer überlassen; der Einfluss des Interviewers ist ent-sprechend groß.

(3) *Strukturiertes Interview:* Neben Ziel und Thema der Befragung wird ein Fragegerüst vorgegeben; der Interviewer kann die Reihenfolge beeinflussen, gegebenenfalls Zusatzfragen.

b)   Nach der *Anzahl der Befragten:*

(1)   Einzelinterview;

(2)   Gruppeninterview.

3. *Störeffekt:* Konsistenzeffekt.

Item

Grundaufbauelement einer Skala (z.B. eines Tests, eines Indexes, eines Fragebogens). Inhalt eines Items können Fragen, Aussagen, Meinungen o.Ä. sein, die die Auskunftsperson zu einer als Indikator verwendeten Reaktion veranlassen.

Itemselektion

Auswahl und Zusammenstellung einer Reihe von Items, z.B. in Form eines Fragebogens. Diese erfolgt in der klassischen Testtheorie durch die Itemschwierigkeit und die Item-Trennschärfe. Zunächst werden durch Überlegung, Literaturstudium, Expertenbefragungen Items generiert, welche den zu behandelnden Sachverhalt möglichst vollständig erfassen. Dann werden alle Items in eine meist kleinen Stichprobe eingefragt. Die *Itemschwierigkeit* ist der Mittelwert des Items. Dieser sollte zwischen 30 Prozent und 70 Prozent der Spannweite sein. Die Itemtrennschärfe ist die Korrelation des Items mit der Summe der anderen Items. Diese sollte mind. 0,3 sein.

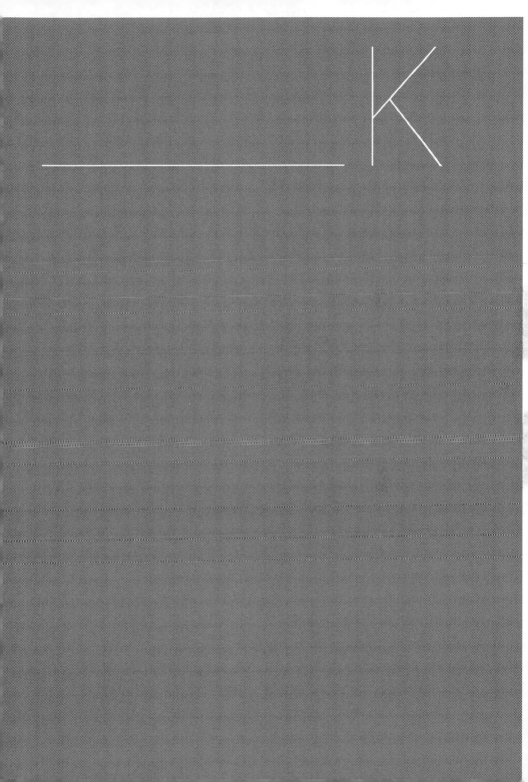

Käuferstrukturanalyse

Methode der Marktforschung, bei der Käufer auf ihre soziodemographischen Merkmale untersucht werden. Vom Interesse ist dabei, die Käufer einer bestimmten Marke anhand ihrer Merkmale (Alter, Einkommen etc.) zu identifizieren.

Käuferwanderung

Untersuchung der Käuferbewegungen zwischen einzelnen Marken, besonders von Bedeutung bei Produktneueinführungen (Gain-and-Loss-Analyse, Markentreue).

Kaufverhaltensforschung

Teilgebiet der Marktforschung, das die Erfassung und Analyse des Kaufverhaltens bestimmter Zielgruppen zum Gegenstand hat. Einsatzgebiete sind Konsumgüter- und Investitionsgütermarktforschung. Untersuchungsgegenstände sind unter anderem der Einfluss von Zeit, Erfahrung und Risikobewusstsein auf das Kaufverhalten. Mithilfe der Kaufverhaltensforschung können die einzelnen Phasen einer Kaufentscheidung identifiziert werden und z.B. für jede einzelne Phase dem Bedürfnis der Zielgruppen entsprechende Entscheidungshilfen angeboten werden.

Kausalanalyse

1. Erforschung ursächlicher Zusammenhänge *(Kausalität)*.

2. *Verfahren*, die auf der Basis korrelativer Beziehungen aus experimentellen und nicht-experimentellen Daten versuchen, Kausalitäten zu überprüfen und zu quantifizieren. Im Mittelpunkt steht die statistische Überprüfung eines sachlogisch begründeten Modells von Wirkstrukturen, dessen Annahme bzw. Nicht-Ablehnung mithilfe empirischer Daten erfolgt. Hieraus ergibt sich der konfirmatorische Charakter der Kausalanalyse.

3. *Ablauf:* Bei der Kausalanalyse wird zunächst ein verbal formuliertes und sachlogisch begründetes Hypothesengeflecht von wenn-dann- oder je-desto-Aussagen grafisch in ein Kausaldiagramm (Kausalmodell) übersetzt. Die Pfade in diesem Diagramm geben die Richtung der vermuteten

Beziehungen zwischen den einzelnen Variablen wieder. Das Kausaldiagramm wird anschließend in ein mathematisches Gleichungssystem überführt. Die einzelnen Parameter des Kausalmodells können dann anhand empirischer Daten ermittelt bzw. die Modellstruktur getestet werden. Zeigt sich eine hinreichende Übereinstimmung zwischen dieser geschätzten und der sich aufgrund sachlogischer Überlegungen postulierten Modellstruktur, dann können die einzelnen Modellparameter inhaltlich interpretiert werden.

Anwendungen: Unter anderem zur Kontrolle der Wirkungen von Marketingmaßnahmen, Ermittlung strategischer Erfolgsfaktoren, Ermittlung alternativer Risikokonzepte zur Beurteilung des Länderrisikos.

Klassenbildung

Gruppenbildung; Verfahren der Aufbereitung einer Liste von Einzelwerten (Urliste) eines metrisch skalierten Merkmals (Kardinalskala) durch Bildung von nichtüberlappenden (disjunkten) Intervallen (Klassen), die den relevanten Wertebereich abdecken. Klassenbildung ist Grundlage einer klassierten Verteilung und führt zu mehr Übersichtlichkeit, jedoch einem Verlust an Einzelinformationen. Empfehlenswert ist die Bildung von fünf bis 20 Klassen, die nicht zu viele unterschiedliche Breiten aufweisen, um die Übersichtlichkeit zu gewährleisten. Offene Randklassen, d.h. erste bzw. letzte Klassen ohne Unter- bzw. Obergrenze (z.B. bis 100, über 1.000) sind zu vermeiden, da sonst kein klassentypischer Wert, etwa eine Klassenmitte, angegeben werden kann und die grafische Darstellung (Histogramm) nicht möglich ist. Häufig liegen Daten nach Erhebungen nur in klassierter Form vor, z.B. bei Fragebögen mit Fragen nach Einkommen in Klassen oder Ausgaben für Urlaub in Klassen.

Gelegentlich wird mit Klassenbildung auch die Zusammenfassung von Ausprägungen eines qualitativen (Nominalskala) oder ordinal (Ordinalskala) skalierten Merkmals bezeichnet.

Klassierte Verteilung

Tabellarisch oder grafisch dargestelltes Ergebnis der Aufbereitung einer Urliste von Merkmalswerten auf dem Wege der Klassenbildung. Die klassierte Verteilung umfasst die Klassen und ihre Häufigkeiten. Die grafische Darstellung erfolgt in Form eines Histogramms.

Klumpenauswahl

Verfahren der Zufallsauswahl, bei dem Befragungspersonen in Gruppen gegliedert sind und jeweils ganze Gruppen ausgewählt werden. Die Gruppen oder Klumpen sollten in sich heterogen sein und spiegeln die Struktur der Grundgesamtheit wider. Untereinander sollten die Gruppen vergleichbar sein. Jedes Element der Grundgesamtheit gehört nur einer dieser Klumpen an.

Beispiel: Aus zufällig ausgewählten Schulen werden alle Schüler befragt.

Kommunikationsforschung

Teilgebiet der Marketingforschung. Die Kommunikationsforschung untersucht:

(1) *Kommunikatoren,* ihre Merkmale, vor allem ihre Einstellungen und ihr Verhalten, ihre Position und Rolle in Medienorganisationen.

(2) *Medieninhalte* auf Themen und Tendenzen, auf die Präsentation von Realität und Fiktion (Unterhaltung) hin, vor allem auch mit dem Ziel der Inferenz auf Kommunikationsabsichten und Beeinflussungspotenziale.

(3) *Medien* als einzelne Institutionen und als Mediensystem, ihre Struktur und Organisation, ihre historische und gegenwärtige Entwicklung, unter technischen, ökonomischen, rechtlichen, politischen Aspekten.

(4) *Publikum der Medien,* seine Merkmale, Motive und die Muster des Mediennutzungsverhaltens, wobei teils mit hohem finanziellen Aufwand in der sogenannten Mediaforschung das Publikum der verbreiteten Medien regelmäßig für die Zwecke der Werbung charakterisiert wird.

(5) *Wirkung der Medien* auf Wissen und Vorstellungen, Einstellungen und Verhalten, auf Individuen, soziale Gruppen und gesellschaftliche Subsysteme, auf Normen, Werte und gesamtgesellschaftliche Strukturen und Prozesse.

Kommunikationspolitik

1. *Begriff:* Teil des Marketing-Mix; Ziel- und Maßnahmenentscheidungen zur Gestaltung der Marktkommunikation als Element aktiver Marketingpolitik. Kommunikationspolitik umfasst alle Maßnahmen des Unternehmens, die darauf gerichtet sind, Informationen über das Angebot und das Marketing eines Unternehmens nach außen an verschiedene Anspruchsgruppen und nach innen an die eigenen Mitarbeiter des Unternehmens zu vermitteln und die Empfänger im Dienste des Marketings zu beeinflussen. Der kombinierte Einsatz der verschiedenen Instrumente wird als Kommunikationsmix bezeichnet. Dieser Einsatz muss im Sinn der integrierten Kommunikation erfolgen.

2. *Instrumente* (entweder Bestandteile der Massenkommunikation und/ oder der persönlichen Kommunikation):

a) Werbung *(Media-Werbung, Advertising):* Versuchte Verhaltensbeeinflussung mittels besonderer Kommunikationsmittel. Werbung ist vorwiegend ein Mittel der Massenkommunikation (Above-the-Line-Kommunikation). Weitere Instrumente gehören zur Below-the-Line-Kommunikation:

b) Öffentlichkeitsarbeit (Public Relations (PR))*: Die Politik des Werbens um das Vertrauen der Öffentlichkeit. Sie wendet sich an die gesamte Öffentlichkeit und dient der Schaffung und Gestaltung des Firmenimages, um Unternehmensziele besser realisieren zu können.

c) Persönlicher Verkauf *(Personal Selling, Sales Force):* Auf dem unmittelbaren Kontakt zwischen Verkäufer und Käufer beim Absatz von Waren und Dienstleistungen beruhend. Große Bedeutung besonders beim Angebot erklärungsbedürftiger Waren (z.B. Investitionsgüter).

d) Verkaufsförderung *(Sales Promotion):* Zeitlich gezielt und marktsegm-entspezifisch einzusetzendes Instrument der Kommunikationspolitik. Verkaufsförderung informiert und beeinflusst vor allem kurzfristige Verkaufsorganisationen, Absatzmittler und Käufer durch personen- und sachbezogen erweiterte Leistungen des Angebots. Käufer werden am Verkaufsort (Point of Sale (POS)) mit speziellen Maßnahmen und Methoden angesprochen.

e) *Event:* Die unmittelbar erlebbare Inszenierung von besonderen Ereig-nissen im Rahmen der Unternehmenskommunikation. Merkmal eines Events ist die Möglichkeit zur Interaktion.

f) *Sponsoring:* Finanzielle oder sachliche Unterstützung von Personen, Personengruppen, Institutionen und Veranstaltungen durch einen Sponsor, der im Gegenzug klar definierte Gegenleistungen erhält.

g) *Product Placement:* Visuelle oder verbale Platzierung eines Produktes oder einer Dienstleistung im redaktionellen Teil eines Mediums bzw. in einer nicht werblichen Programmform (z.B. Spiel-, Fernsehfilm).

h) *Neue Below-the-Line Werbeformen:* Hierzu gehören Viral Marketing, Guerilla Marketing, Ambush Marketing oder Ambient Medien.

i) *Interne Kommunikation (Behavioral Branding):* Umsetzung der Mar-kenidentität mittels Komminkation nach innen an die eigenen Mitar beiter des Unternehmens.

3. *Ziele:* Hauptziel der Kommunikationspolitik ist die Positionierung des Angebots, damit es für Abnehmer attraktiv wird und sich von der Konkur-renz abhebt.

4. *Wirkung:* Umsetzung der strategischen Ziele. Strategische Ziele sind dabei die Positionierung durch Aktualität, emotionale Positionierung und informative Positionierung. So liegt z.B. die Wirkung einer emotionalen Kommunikationspolitik in den bei der Zielgruppe tatsächlich vermittelten (gemessenen) emotionalen Produkt- und Dienstleistungserlebnissen.

Konkurrenzanalyse

Konkurrenzaufklärung, Konkurrenzuntersuchung, Wettbewerbsanalyse.

1. *Begriff* der Marketingforschung: Er umfasst

(1) die Ermittlung der Anbieter einer Ware auf dem Absatzmarkt (Mitbewerber) sowie die Analyse ihrer Struktur und ihrer Maßnahmen; besonders wichtig sind hier der Marktführer und seine Erfolgsfaktoren;

(2) die Ermittlung der Ersatzartikel der eigenen Ware (Substitutionsprodukte, Surrogatkonkurrenz),

(3) die Ermittlung der bedürfnisfremden (oder entfernt verwandten) Anbieter (vertikale Konkurrenz).

2. *Gegenstand der Untersuchung* eines Mitbewerbers sind:

(1) seine wirtschaftlichen Voraussetzungen (z.B. Kapitalstruktur);

(2) seine derzeitige Position im Markt;

(3) seine Organisationsstruktur;

(4) seine Sortimentsstruktur;

(5) die Struktur seiner Beziehungen zu Lieferanten und Abnehmern (z.B. Kommunikationswege, Vertragsbeziehungen).

3. *Verfahren:* Z.B. liefert in den verbandlich organisierten Wirtschaftszweigen die Verbandsstatistik (bzw. Branchenstatistik) Anhaltspunkte oder sogar Branchenkennziffern (Branchenbeobachtung); Expertenbefragung; im Übrigen können auch die von Konjunkturinstituten veröffentlichten Marktanalysen herangezogen werden. Besonders wichtig sind auch Handelspanels und Verbraucherpanels.

4. *Ziel:* Die Konkurrenzanalyse soll

(1) langfristige Entscheidungen ermöglichen (Investitionspolitik), indem sie mögliche Positionierungen im Wettbewerbsumfeld aufzeigt;

(2) durch Beobachtung der Verschiebungen und Veränderungen in der Konkurrenzlage kurzfristige Dispositionen erleichtern;

(3) Möglichkeiten zur Kooperation mit Mitbewerbern aufzeigen.

Konsequenzeffekt

Effekt, dass bei einer Befragung die zuvor befragten Sachverhalte die Antworten der folgenden Fragen beeinflussen können. Eine Sonderform ist der Konsistenzeffekt.

Konsistenzeffekt

Konsequenzeffekt; innerer Störeffekt beim Interview. Der Befragte sieht seine Antworten im Zusammenhang und bemüht sich, sie widerspruchsfrei (konsistent) aufeinander abzustimmen.

Konsumentenforschung

Forschung, die das Konsumentenverhalten zum Gegenstand hat. Konsumentenforschung wird teilweise als ein interdisziplinärer und verselbständigter Wissensbereich verstanden, dessen Theorien besonders im kommerziellen Marketing und in der Verbraucherpolitik Anwendung finden. Untersuchungsgegenstand kann z.B. das Verhalten beim Einkauf von Markenartikeln, Reaktionen von Bürgern auf politische Beeinflussung oder die Änderung der Einstellungen zum Umweltschutz sein.

Mittel sind Befragungen, aber auch die Analyse von Verbraucherpanels.

Konsumgütermarktforschung

Marktforschung über Konsumgüter, insbesondere durch Befragung, Handelspanel und Verbraucherpanel.

Kontrollfrage

Frage, die der Prüfung dient, ob bei der Beantwortung eines Fragebogens die Befragten ausweichende oder gar falsche Antworten gegeben haben. Durch Vergleich der Antworten auf Fragen und Kontrollfragen werden systematische Fehler des Materials erkannt, sodass sie gegebenenfalls bei der Auswertung ausgeschaltet werden können.

Konzeptionstest

Pretest der Wirkung eines Produktes im Kontext einer Werbeanzeige.

Konzepttest

Pretest des Marketingkonzepts (Marketing) für ein in der Regel neues Produkt hinsichtlich seiner Marktchancen. Das Produktkonzept muss dafür hinreichend beschrieben werden können. Neben Informationen über die Produktakzeptanz (Akzeptanztest) und die Uniqueness des Konzepts werden auch Angaben erhoben, die eine Positionierung im Markt sowie eine Segmentierung der Verbraucher ermöglichen.

Kreuztabellierung

Statistisches Verfahren zur Häufigkeitsanalyse. In der Regel Ermittlung von Zusammenhängen zwischen zwei Variablen. Generell sind auch n Variablen zulässig; da aber bei mehrdimensionalen Kreuztabellierungen die Tabellen auseinander gebrochen werden müssen, wird eine gleichzeitige Inspektion mehrerer Merkmale schwierig. Bei zwei Variablen mit n bzw. m Ausprägungen ergeben sich n x m Kombinationen (Zellen), für die absolute und relative Häufigkeiten berechnet werden. So ergeben sich z.B. bei den Variablen „Einkommen" (fünf Kategorien) und „Geschlecht" (zwei Kategorien) zehn Kombinationen. Die Häufigkeit wird dann z.B. für die Kombination Frauen mit einem Einkommen größer als 2.000 Euro berechnet. Zur Feststellung der statistischen Unabhängigkeit der Variablen kann der Chi-Quadrat-Test herangezogen werden. Zur Messung der Kontingenz existieren Kennzahlen.

Kundenmonitoring

In regelmäßigen Abständen wiederholte Abnehmerbefragung.

Kundenstrukturanalyse

Erhebung von Einkaufsgewohnheiten, des Mediaverhaltens, des Einzugsgebietes und der demografischen Struktur des Kundenstammes sowie Analyse der Kundendatei. Die Ergebnisse dienen als Grundlage z.B. für die

Mediaplanung, die Sortimentspolitik und des Servicenetzes. Traditionell gute Informationen über ihre Kunden haben die Versandunternehmen. Eine wichtige Informationsquelle sind auch die Verbraucherpanels.

Kundenzufriedenheitsforschung

Teilgebiet der Marketingforschung, das sich mit der Zufriedenheit und der Loyalität der Kunden befasst. Dabei werden meist Einzelfragen (z.B. „Hat der Verkäufer Ihnen die möglichen Sonderausstattungen erläutert?") zu bestimmten *Leistungsbereichen* (z.B. Verkäuferkompetenz) mit einer Faktorenanalyse verdichtet. Oft wird die Zufriedenheit mit dem Leistungsbereich und die Gesamtzufriedenheit abgefragt. Durch Regressionsrechnung (Regression) lassen sich die Wichtigkeiten der Leistungsbereiche für die Gesamtzufriedenheit berechnen. Die Kundenzufriedenheitsforschung wird vor allem bei hochwertigen Gebrauchsgütern (z.B. Automobil) sowie in Servicebranchen wie z.B. Banken, Versicherungen oder Tourismus angewendet. Eine Sonderform der Kundenzufriedenheitsforschung ist die Erforschung der Händlerzufriedenheit.

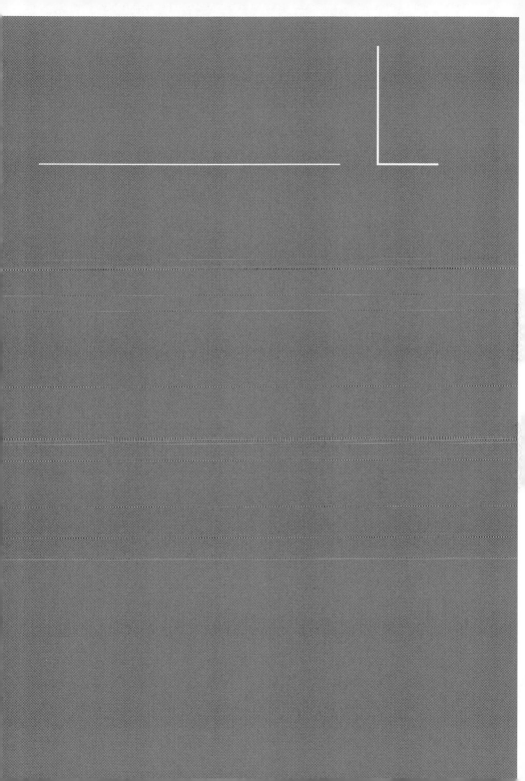

Laborforschung

Laborexperiment; Verfahren der Marktforschung in einer künstlichen, speziell zu diesem Zweck planmäßig herbeigeführten Situation. Laborforschung dient der Durchführung einer Befragung, Beobachtung oder eines Experiments. Das Labor hat den Vorteil, dass viele Bedingungen, die in realer Situation als intervenierende Variable fungieren würden, konstant gehalten werden können.

Gegensatz: Feldforschung.

Laddering

Befragung, deren Grundlage immer weitergehende Fragen nach den Gründen für die vorhergehende Antwort sind. Jeder Antwort folgt eine weitere „Warum-Frage", bis der Befragte nicht mehr antworten kann. Laddering dient dazu, Marketingstrategien zu entwickeln, die auf die Motive der Konsumenten ausgerichtet sind und nicht lediglich auf die objektiven Produkteigenschaften, die möglicherweise für den Konsumenten nur bedingt Auslöser für seine Kaufentscheidung sind.

Längsschnittanalyse

Erfassung und Betrachtung von Daten über längere Zeiträume (Längsschnitt- oder Zeitreihen), um Veränderungen im Zeitablauf zu erkennen sowie Trends und Trendwendungen zu prognostizieren, z.B. durch Trendextrapolationen.

Wichtige Methode: Panel.

Längsschnittuntersuchung

Longitudinalstudie; auf verschiedene Zeitpunkte bezogene Informationen müssen möglichst dieselben oder repräsentativ ausgewählte Probanden betreffen.

Gegensatz: Querschnittuntersuchung.

Lerneffekt

Innerer Störeffekt bei der Befragung. Vor allem bei längeren Fragebögen wird dem Befragten durch vorangegangene Fragen ein Wissen vermittelt, das bei der Beantwortung weiterer Fragen benutzt wird und damit die Ergebnisse verzerrt (systematischer Fehler). Lerneffekte können auch bei Panels durch die wiederholte Abfrage auftreten (Paneleffekt).

Leserumfrage

Methode der Meinungsforschung. Das Problem der Auswahlmethode für die Repräsentativerhebung in Bezug auf den zu befragenden Personenkreis wird gelöst, indem die Leserschaft einer bestimmten Zeitung oder Zeitschrift angesprochen wird (Readers Interest Research). Ergebnisse sind nur zu generalisieren für eine dieser Leserschaft entsprechende Verbraucherschicht.

Likert-Skalierung

Verfahren der summierten Schätzungen; Skalierungsverfahren zur Messung der Einstellung, basiert auf Rating-Skalen (Rating).

1. *Konstruktion* der Skala, ähnlich aufwendig wie bei der Thurstone-Skalierung:

(1) Bildung einer großen Menge von Statements mit extrem positiven und negativen Ausprägungen.

(2) Bewertung der Statements auf einer Fünf-Punkte-Skala durch Testpersonen.

(3) Berechnung von Skalenwerten für jede Testperson durch Addition der Itemwerte und Ordnung der Testpersonen nach den Skalenwerten. Bildung zweier Extremgruppen aus dem Viertel mit den höchsten und dem Viertel mit den niedrigsten Skalenwerten.

(4) Für jedes Statement werden dann Mittelwerte aus den beiden Extremgruppen gebildet, deren Differenz als Diskriminationsmaß des Items angesehen wird. Die Statements mit dem höchsten Diskriminationsmaß werden ausgewählt.

2. *Anwendung:* Die Testpersonen geben den Grad ihrer Zustimmung bzw. Ablehnung zu den ausgewählten Statements nach dem Fünf-Punkte-Maßstab an. Ihr persönlicher Skalenwert ergibt sich durch Addition der einzelnen Itemwerte.

3. *Hauptkritikpunkt:* Personen mit gleichem Skalenwert müssen nicht unbedingt die gleiche Einstellung haben, da dieser Skalenwert durch Addition völlig unterschiedlicher Statementbewertungen zustande gekommen sein kann.

LISREL

Abkürzung für *Linear Structural Relations System;* multivariates Verfahren der Kausalanalyse. Kombination von Elementen der Regressionsanalyse bzw. Pfadanalyse mit Elementen der Faktorenanalyse. Vor allem ist es möglich, unterschiedliche Messkonzepte für die miteinander verknüpfbaren Variablen in die Analyse einzubeziehen.

Ähnliche Ansätze: EQS (EQuantionS)-Ansatz; PLS (Partial Least Squares)-Ansatz.

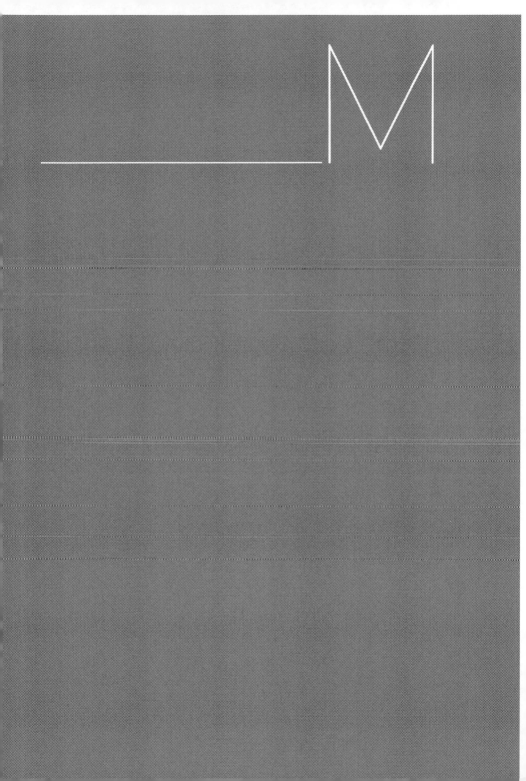

Magnitude-Skalierung

Skalierungsverfahren zur Messung der Einstellung durch die Bildung von Verhältnisurteilen. Dabei wird die Intensität von Empfindungen proportional zu deren Intensität in Zahlen, die Länge einer Linie oder die Dauer eines Tones umgesetzt. Verstärkter Einsatz im Rahmen von computergestützten Datenerhebungen.

Makrosegmentierung

Erster Teil eines zweistufigen Ansatzes der Marktsegmentierung im Investitionsgüterbereich. Merkmale der Käuferunternehmung bzw. der Einbindung in gesamtwirtschaftliche Zusammenhänge als *Segmentierungskriterien:*

(1) direkt beobachtbare Merkmale (allgemein: z.B. Branche, Standort, Unternehmensgröße; situationsspezifisch: z.B. Abnahmemenge, Verwendungshäufigkeit, Kaufklassen);

(2) aus dem Verhalten ableitbare Merkmale (allgemein: z.B. Art der Entscheidungsregeln; situationsspezifisch z.B. Risikoverhalten).

Eine *Mikrosegmentierung* als zweiter Teil ist nur anzuschließen, wenn das Ziel der Segmentierung (Bildung von Abnehmergruppen, die intern ein möglichst ähnliches Kaufverhalten zeigen) durch die gebildeten Makrosegmente nicht befriedigend erreicht wurde. Sie basiert auf den Merkmalen der einzelnen Mitglieder des Buying Centers (Buyer Segmentation), z.B. persönliche Charakteristika der Mitglieder, Produktvertrautheit, Einstellungen etc.

Markenbekanntheit

Man unterscheidet die ungestützte Markenbekanntheit (die Marke wird genannt, wenn nach den Marken in einem Produktfeld gefragt wird) und die gestützte Markenbekanntheit (die Marke wird vorgegeben und es wird gefragt, ob sie bekannt ist.) Wichtiges Ergebnis beim Werbetracking.

Markenkenntnis

1. *Begriff:* Fähigkeit einzelner Konsumenten, einzelne Marken zu identifizieren und über sie zu sprechen.

2. *Merkmalsklassen* bei der Kennzeichnung von Marken:

a) *Denotative Merkmale:* Eigenschaften, mit deren Hilfe Käufer einzelne Marken unterscheiden und die sie zur Beschreibung einer Marke heranziehen.

b) *Konnotative Merkmale:* Eigenschaften, die Käufer zur Bewertung von Marken heranziehen.

3. *Formen der Markenkenntnis:* Die beiden Ausprägungen der Markenkenntnis sind die aktive oder passive Markenkenntnis. Passive Markenkenntnis bedeutet, dass der Konsument nur in der Lage ist, eine Marke wiederzuerkennen, wenn er diese sieht oder den Markennamen hört (auch *gestützte Markenbekanntheit*). Aktive Markenkenntnis heißt, dass der Konsument in der Lage ist, zu einem bestimmten Produkt- oder Dienstleistungsbereich aus dem Gedächtnis eine Marke zu nennen (auch *ungestützte Markenbekanntheit*).

4. *Funktionen der Markenkenntnis:* Die Markenkenntnis stellt die notwendige Voraussetzung der Entstehung eines Images bei den Konsumenten dar; zudem wirkt sie sich auf die kognitive Komponente der Einstellung und auf das Kaufrisiko aus.

5. *Messung der Markenkenntnis:* Erfolgt durch die Messung des Recalltest oder des Recognitiontest.

Markentreue

1. *Begriff:* Markentreue liegt vor, wenn sich nachweisen lässt, dass eine bestimmte Marke mit einer bestimmten Häufigkeit innerhalb einer vorgegebenen Zeitperiode gekauft wird. Mehrfacher Wiederholungskauf einer Marke bzw. eines Markenartikels zeigt eine positive Einstellung des Käufers zu „seiner" Marke.

2. *Messung:*

a) *Kaufreihenfolge-Konzept:* Kaufhäufigkeit derselben Marke innerhalb eines bestimmten Zeitraums bei drei (vier, fünf) aufeinander folgenden Käufen durch einen Konsumenten. Zu unterscheiden:

(1) Ungeteilte Markentreue: Kauffolge AAAA;

(2) geteilte Markentreue: Kauffolge ABBA.

b) *Marktanteilskonzept:* Anteil, den das Volumen (mengen- oder zeitmäßig) der von einem Konsumenten in einer bestimmten Zeitperiode am häufigsten erworbenen Marke am Gesamtvolumen seiner Käufe innerhalb der jeweiligen Produktkapazität hat.

c) *Markenanzahlkonzept:* Anzahl der innerhalb einer Produktkategorie gekauften Marken.

Marketing

1. *Begriff:* Der Grundgedanke des Marketings ist die konsequente Ausrichtung des gesamten Unternehmens an den Bedürfnissen des Marktes. Heutzutage ist es unumstritten, dass auf wettbewerbsintensiven Märkten die Bedürfnisse der Nachfrager im Zentrum der Unternehmensführung stehen müssen. Marketing stellt somit eine unternehmerische Denkhaltung dar. Darüber hinaus ist Marketing eine unternehmerische Aufgabe, zu deren wichtigsten Herausforderungen das Erkennen von Marktveränderungen und Bedürfnisverschiebungen gehört, um rechtzeitig Wettbewerbsvorteile aufzubauen. Darüber hinaus besteht eine weitere zentrale Aufgabe des Marketingmanagements darin, Möglichkeiten zur Nutzensteigerung zu identifizieren und den Nutzen für Kunden nachhaltig zu erhöhen.

2. *Erweiterung der Definition:* In den letzten Jahren hat sich diese dominant kundenorientierte Perspektive zugunsten weiterer Anspruchsgruppen des Unternehmens (z.B. Mitarbeiter, Anteilseigner, Staat, Umwelt) erweitert. Diese weite Definition des Marketings stellt die Gestaltung sämtlicher Austauschprozesse des Unternehmens mit den bestehenden

Bezugsgruppen in den Mittelpunkt der Betrachtung und betont die Rolle des Marketings als umfassendes Leitkonzept der Unternehmensführung.

3. *Marketingstrategien:* Zur Erreichung der Ziele eines Unternehmens werden Marketingstrategien entwickelt, die operativ mithilfe der Marketing-Instrumente (die sogenannten 4P) umgesetzt werden. Dabei handelt es sich um die Instrumente Produkt-/Leistungs- (Product), Preis- (Price), Kommunikations- (Promotion) und Vertriebspolitik (Place).

(1) Die Produktpolitik umfasst dabei Entscheidungen, die die Gestaltung des Leistungsprogramms eines Unternehmens betreffen. In diesen Bereich fallen z.b. die Analyse, Planung und Umsetzung von Produktveränderungen und Serviceleistungen, die Markenpolitik, Namensgebung sowie die Verpackungsgestaltung.

(2) Im Rahmen der Preispolitik werden die Konditionen festgelegt, unter denen Produkte und Leistungen angeboten werden. Entscheidungsparameter sind z.b. der Grundpreis, Rabatte, Boni und Skonti.

(3) Die Kommunikationspolitik umfasst alle Maßnahmen, die der Kommunikation zwischen Unternehmen und ihren aktuellen und potenziellen Kunden, Mitarbeitern und Bezugsgruppen dienen. Zu diesem Zweck werden z.b. die Kommunikationsinstrumente der klassischen Mediawerbung, Direct Marketing, Verkaufsförderung, Sponsoring, Public Relations (PR), Messen und Events eingesetzt.

(4) Im Rahmen der Vertriebspolitik wird das Absatzkanalsystem gestaltet, um die räumliche und zeitliche Distanz zwischen Unternehmen und Kunde zu überwinden. Dazu wird in der Regel auf verschiedene Absatzmittler, d.h. Händler, zurückgegriffen (indirekter Vertrieb).

Diese aktivitätsbezogene Auffassung versteht Marketing somit als Bündel von marktgerichteten Maßnahmen, die dazu dienen, die absatzpolitischen Ziele eines Unternehmens zu erreichen. Dieses Verständnis hat bis heute seine Bedeutung erhalten.

4. *Integration:* Ein Erfolgsfaktor im Rahmen der Umsetzung einer Marketing-Strategie ist die Integration sämtlicher interner und externer

Marketing-Aktivitäten. Dies bedeutet, dass die Aktivitäten der internen Abteilungen, wie z.B. Werbung, Marktforschung, Vertrieb aufeinander abgestimmt und koordiniert werden. Dies gilt gleichermaßen für externe Stellen wie z.B. Werbeagenturen und Absatzmittler. Durch eine integrierte Vorgehensweise können Synergieeffekte erzielt und die Wirkung der Marketing-Maßnahmen erhöht werden. Bei der Ausarbeitung und Umsetzung einer Marketing-Konzeption ist zu beachten, dass entsprechend der jeweiligen Branche und Art einer Leistung spezifische Aufgabenschwerpunkte des Marketings existieren. Diese Besonderheiten werden im Rahmen verschiedener sektoraler Marketing-Theorien berücksichtigt (z.B. Konsumgüter-, Industriegüter-, Dienstleistungs-Marketing, Marketing für Non-Profit-Organisationen). Eine bedeutende aktuelle Entwicklung im Rahmen des Marketings ist in dem Trend zum Relationship Marketing zu sehen. Dieses Konzept betont den hohen Wert langfristiger Beziehungen zu einer Vielzahl von Anspruchsgruppen eines Unternehmens. In diesem Zusammenhang wird vor allem die Bedeutung der Kundenbindung intensiv diskutiert.

Marketing-Expertensystem

Expertensystem, das marketingspezifische Fragestellungen zum Gegenstand der Problemlösungssuche hat. Marketing-Expertensysteme eignen sich besonders für den Einsatz im Marketing, da zahlreiche Problemstellungen wissensintensiv (Einfluss anderer Wissensbereiche wie z.B. Psychologie) sind, das Lösungswissen unvollständig und vage (z.B. die Wirkung von Werbeanzeigen auf das Kaufverhalten) ist sowie die Entscheidungsgrundlage von Fall zu Fall (z.B. Branchenunterschiede) unterschiedlich ist. Einsatzgebiete von Marketing-Expertensystemen sind unter anderem die Marktforschung, vor allem die Datenanalyse (z.B. EXPRESS) und die Werbewirkungsforschung (Werbewirkung, z.B. GESWA) sowie die strategische Marketingplanung (z.B. STRATASSIST).

Marketingforschung

Marketing Research; alle Aktivitäten zielbezogener und planmäßiger Informationsgewinnung und -aufbereitung zur Identifikation und Lösung betriebsinterner und -externer Probleme bei Marketing-Strukturen, -Prozessen, -Aktivitäten und -Wirkungen. Marketingforschung im engeren Sinne umfasst lediglich die absatzbezogenen Teile der unternehmensinternen Bereiche und die Absatzmarktforschung. Marketingforschung im weiteren Sinne umfasst alle marketingrelevanten Bereiche der Unternehmung sowie deren Mikro- und Makro-Umwelt. Sie lässt sich untergliedern in eine interne Marketingforschung und eine externe Marketingforschung Gegenstandsbereich der *internen Marketingforschung* sind alle interdependenten Subsysteme einer Unternehmung (Beschaffungs-, Produktions-, Absatz-, Finanz-, Informations- und Personalwirtschaft) hinsichtlich ihrer marketingbezogenen Wirkungen.

Beispiele: Vertriebskostenrechnungen, Lagerkapazitäten, Logistik, Qualität der Außendienstmitarbeiter. Gegenstandsbereich der externen Marketingforschung ist die Marktforschung (Absatzmarktforschung und Beschaffungsmarktforschung) und die gesellschaftsorientierte Marketingforschung mit den ökonomischen sowie kulturellen, physischen, politisch-rechtlichen und technologischen Komponenten.

Marketing-Informationssystem (MAIS)

Zielbezogen strukturiertes System von Regelungen hinsichtlich der Informationsaufgaben und ihrer Träger sowie der Informationswege, Informationsrechte und Pflichten, Methoden und Verfahren der Informationsspeicherung und -verarbeitung; in der Regel computergestützt. Ein Marketing-Informationssystem (MAIS) ist Subsystem des Führungsinformationssystems (FIS).

Ziel: Befriedigung des marketingbezogenen Informationsbedarfs durch zielbezogene Kanalisation, Filterung, Verdichtung, Speicherung und Weitergabe möglichst aussagefähiger und problembezogener, am richtigen

Ort und zur richtigen Zeit verfügbarer Informationen, um einem Informationsmangel bei Informationsüberfluss entgegenzuwirken.

Komponenten: Daten-, Methoden-, Modellbank (Methoden- und Modellbank in der Praxis seltener) und Kommunikationseinrichtungen.

Marketingmanagement

Allgemeine Konzeption der Unternehmungsführung bzw. Unternehmungsphilosophie im Sinn eines konsequent marktbezogenen Denkens. Marketing ist hier Führungsaufgabe, die sich auf Planung, Steuerung, Kontrolle, Koordination der Unternehmungsaktivitäten im Hinblick auf die Markterfordernisse bezieht.

Marketingstatistik

Zielgerichtete und systematische Sammlung und zahlenmäßige Aufbereitung von Informationen zu Marketingaktivitäten und Marketingerfolg, wie z.B. Absatzstatistik, Werbestatistik, Messestatistik etc.

Marketingstrategien

An den Bedarfs- und Konkurrenzbedingungen relevanter Märkte sowie den personellen, finanziellen, technischen und informellen Leistungspotenzialen der Unternehmung ausgerichtete Verhaltenspläne zur Realisierung der Marketingziele. Es existieren verschiedene Erscheinungsformen.

Marktabgrenzung

Bestimmung des relevanten Marktes. Einerseits kann dieses auf der Nachfrageseite geschehen, indem man sich die Substitutionsbeziehungen zwischen den Gütern ansieht (Substitutionslücke), andererseits kann es eine technisch-funktionelle Verbundenheit auf der Angebotsseite geben. Problem bei der Bestimmung des Marktanteils bzw. Marktvolumens und Marktpotenzials. Nach Zweckmäßigkeitsüberlegungen wird ein Markt nach sachlichen, räumlichen und zeitlichen Kriterien eingeengt.

Marktanalyse

1. *Charakterisierung:* Systematisch methodische Untersuchung der Stellung einzelner Unternehmungen im Marktgeschehen, die neben der Marktbeobachtung zur Schaffung der Markttransparenz beiträgt und die Geschäftspolitik des Unternehmens fundiert. Bei einer Marktanalyse interessiert jeweils der *spezielle Markt* für die Produkte einzelner Hersteller oder eines Wirtschaftszweiges hinsichtlich einerseits der Aufwandserfordernisse an den Bezugsmärkten und andererseits der Bedarfslage und daraus zu entwickelnden Ertragsbedingungen am Absatzmarkt.

Methodisch beruht die Marktanalyse auf Statistik und Meinungsforschung.

2. *Untersuchungsfeld:*

a) *Analyse der Beschaffungsmärkte* für Rohstoffe, Werkzeuge, Vorfabrikate, Energie; auch Arbeitsmarkt.

b) *Analyse der Finanzierungsmärkte:* Kapital-, Geld-, Devisenmarkt.

c) *Analyse der Absatzmärkte* für Haupterzeugnisse, Neben- und Abfallprodukte:

(1) *Produktanalyse* sowohl hinsichtlich Beschaffenheit und Leistungsfähigkeit des Produktes als auch bezüglich der Selbstkostengestaltung sowie bezüglich einer marktgerechten Ausformung des Produktes selbst wie auch der Verpackung (Produkttest, Merchandising);

(2) *Absatzanalyse:* Die Summe aus individuellem und Geschäftsbedarf ergibt die Nachfrage, deren Kenntnis durch Bedarfsuntersuchung zu ermitteln ist. Daneben ist erforderlich die Kenntnis der derzeitigen und künftigen Angebotskraft des Wettbewerbs (Konkurrenzanalyse) sowie der technisch und kommerziell optimalen Absatzwege.

3. *Untersuchungszeitraum:* Eine „Momentaufnahme" der strukturellen Beschaffenheit aller Marktelemente; das Nacheinander des Untersuchungsfeldes (Bedarf-Produktion-Wettbewerb-Ansatz), vor allem die richtige Marktprognose, erfordert jedoch bereits, dass die Marktanalyse

sich nicht auf einen Zeitpunkt beschränkt, sondern einen begrenzten Zeitraum umgreift.

4. *Träger:* Produktanbieter, besonders im Zusammenhang mit dem Marketing. Im Auftrag einzelner Firmen: Marktforschungsinstitute. Ergänzend zur Marktbeobachtung: wissenschaftliche Institute.

Marktänderung

In der Marktforschung Bezeichnung eines einmaligen Wandels im Marktgefüge. Marktänderung kann durch Marktverschiebung (Wachstum und Schrumpfung) vorbereitet, jedoch auch plötzlich, etwa durch politische Ereignisse, hervorgerufen werden. Ursache sind häufig Technologieänderungen. So wurde der Walkman durch den MP3-Player und die analoge Kamera durch die Digitalkamera weitgehend ersetzt.

Marktanteil

Begriff der Marktforschung zur Kennzeichnung der Bedeutung des Unternehmens am Markt und somit dessen Konkurrenzstärke. Der Marktanteil kann sowohl für den Beschaffungsmarkt als auch für den Absatzmarkt bestimmt werden. In der Regel dominiert die Bedeutung des Absatzmarktanteils.

Berechnung: Er kann sowohl mengen- als auch wertmäßig definiert werden und sich auf den Gesamt- oder auch auf einen Teilmarkt beziehen. Schwierigkeiten bei der Bestimmung des Marktanteils liegen in der Bestimmung des räumlich, sachlich und zeitlich relevanten Marktes sowie in der Beschaffung der Zahlen über den Gesamtabsatz (Marktvolumen). Anhaltspunkte geben Absatzstatistiken von Verbänden, Daten statistischer Ämter oder der Einkauf spezieller Daten bei Marktforschungsinstituten (z.B. Handelspanels der Firma Nielsen und der GfK, die eine Berechnung der Marktanteile einzelner Artikel sowohl für den Gesamt- als auch für einen Teilmarkt zulassen). Aus den Daten der Haushaltspanels lassen sich ebenfalls Zahlen für den Gesamtmarkt ableiten. – Ungleich schwieriger kann die Feststellung des Marktanteils in industriellen Märkten sein.

Marktbeobachtung

Teil der Marktforschung: Beobachtung der Marktentwicklung bzw. der Stellung einzelner Unternehmungen und Wirtschaftsgruppen auf den Beschaffungs- und Absatzmärkten sowie Abschätzung ihrer konjunkturellen Entwicklungsmöglichkeiten durch Auswertung der Betriebsstatistik, der Branchenstatistik und der amtlichen Wirtschaftsstatistik, unter Umständen durch besondere Institute. Wichtige Instrumente der Marktbeobachtung sind auch die verschiedenen Panels der Marktforschungsinstitute.

Marktberichte

Berichte über die Wirtschaftslage auf bestimmten Märkten (z.B. Waren-, Effekten-, Devisenmärkten). Marktberichte stützen sich auf amtliche oder private Preisnotierungen, Statistiken etc. und dienen unter anderem als Quelle für die Marktforschung.

Markterkundung

Gelegentliche, nicht systematische Untersuchung des Marktes.

Marktforscher

Nicht geschützte Berufsbezeichnung für eine in der Marktforschung tätige und dafür besonders geschulte Person. Die Organsiation der Marktforscher (Bundesverband der Deutschen Markt- und Sozialforscher e.V., abgekürzt: BVM) führt jedoch eine Berufsrolle, in die man sich unter bestimmten Bedingungen als Marktforscher (BVM) eintragen kann. Marktforscher haben besondere Standesregeln zu beachten.

Ausbildung: Marktforscher haben überwiegend einen wirtschafts- oder sozialwissenschaftlichen Hintergrund, teilweise sind sie aber auch in anderen Wissenschaften wie z.B. Psychologie oder Statistik ausgebildet. Neuerdings werden Marktforscher auch in dem Lehrberuf „Fachangestellte für Markt- und Sozialforschung" ausgebildet.

Tätigkeitsfelder: Marktforscher sind meist entweder als betriebliche Marktforscher bei Unternehmen tätig, welche Marktforschungsleistungen nachfragen, oder als Institutsmarktforscher bei Marktforschungsunternehmen, die solche Leistungen anbieten.

Marktforschung

1. *Begriff:* Die Marktforschung ist ein Teilgebiet der Marketingforschung. Marktforschung und Marketingforschung haben den gleichen Untersuchungsgegenstand, sofern sie sich auf Absatzmärkte beziehen. Während die Marketingforschung darüber hinaus auch unternehmensinterne marketingrelevante Informationen erhebt und verarbeitet, kann sich Marktforschung auch auf andere Märkte, z.B. Beschaffungsmärkte beziehen. Marktforschung ist die systematisch betriebene Erforschung eines konkreten Teilmarktes (Zusammentreffen von Angebot und Nachfrage) einschließlich der Erfassung der Bedürfnisse aller Beteiligten unter Heranziehung vor allem externer Informationsquellen. Im Gegensatz dazu ist die Markterkundung nur eine gelegentliche und unsystematische Untersuchung des Marktes.

2. *Formen:* Man kann zahlreiche Formen der Marktforschung nach unterschiedlichen Kriterien unterscheiden:

(1) Nach dem *Untersuchungsobjekt* (ökoskopische Marktforschung, demoskopische Marktforschung);

(2) nach dem *Erhebungs- bzw. Bezugszeitraum* (laufend, fallweise, prospektiv, retrospektiv);

(3) nach dem *Untersuchungsraum* (lokale, regionale oder internationale Marktforschung);

(4) nach *Marktbereichen bzw. Branchen* (Investitionsgüter-, Konsumgüter-, Dienstleistungs-, Handels-, nicht kommerzielle Marktforschung; Konkurrenzanalyse);

(5) nach *Unternehmensbereichen* (Beschaffungsmarktforschung, Absatzmarktforschung, Personalforschung).

3. *Ablauf:*

(1) Bestimmung und Abgrenzung des Informationsbedarfs;

(2) Bestimmung der Untersuchungsmethode;

(3) Erstellung der Erhebungsunterlagen;

(4) Erhebung der gesuchten Daten;

(5) Aufbereitung der gewonnenen Daten, sodass sie das Informationsbedürfnis klären;

(6) Präsentation der Ergebnisse und Treffen einer Entscheidung auf der Grundlage der gewonnenen Erkenntnisse.

4. *Verfahren:*

a) *Informationsgewinnung:* Zu unterscheiden sind Primärforschung und Sekundärforschung. Letztere verwendet bereits vorhandenes, früher erhobenes Datenmaterial, während im Rahmen der ersteren ausschließlich neue Informationen erhoben werden.

b) *Auswahl der Untersuchungsobjekte* (z.B. Personen, Unternehmen): Die Auswahl erfolgt bei Teilerhebungen in der Regel mithilfe verschiedener statistischer Verfahren (Auswahlverfahren, Zufallsstichprobenverfahren).

c) *Datenerhebung* (Erhebung): Im Rahmen der Primärforschung erfolgt die Datenerhebung durch Beobachtung und/oder Befragung (Interview, Expertenbefragung), die in Form eines Experimentes erfolgen können. Die Methoden der Datenerhebung können im Rahmen einer Feldforschung (z.B. Testmarkt) oder einer Laborforschung (z.B. Testmarktsimulation) eingesetzt werden. Zum Teil gelangen im Rahmen der Marktforschung apparative Verfahren zum Einsatz. Häufig findet die computergestützte Datenerhebung Anwendung. Darüber hinaus ist in Wissenschaft und Praxis eine Vielzahl von Untersuchungsmethoden bzw. Testverfahren für spezielle Fragestellungen des Marketings entwickelt worden (z.B. Akzeptanztest, Anzeigentest, Blickregistrierung).

d) *Informationsverarbeitung:* Die Informationsverarbeitung orientiert sich an den Untersuchungszielen, der Zahl der zu verarbeitenden

Variablen und der Qualität des Datenmaterials (Skalenniveau). Hierbei kommen in Betracht:

(1) Univariate Analysemethoden (z.b. Häufigkeitsauszählung, Häufigkeitsverteilung);

(2) bivariate Analysemethoden (z.b. Kreuztabellierung, Korrelation, einfache Regressionsanalyse);

(3) multivariate Analysemethoden (z.b. Conjoint Measurement, multiple Regressionsanalyse, Varianzanalyse, Diskriminanzanalyse, Clusteranalyse, Faktorenanalyse, multidimensionale Skalierung (MDS), Pfadanalyse, Kausalanalyse);

(4) der Einsatz von komplexen Marketingmodellen.

5. *Anwendungsmöglichkeiten:* Die Ergebnisse der Marktforschung bilden die Grundlage für die Diagnose und Prognose der künftigen Markt- und Produktentwicklung und damit für die Planung strategischer und operativer Marketingmaßnahmen. Vor allem die Neuproduktplanung und die Erarbeitung kommunikationspolitischer Einzelmaßnahmen ist auf die Heranziehung umfassender Marktforschungsdaten angewiesen. Der Bedarf der Kunden kann erst durch systematische Marktforschung genau ermittelt werden. Preistests untermauern z.b. die Festlegung konkreter Preise für die einzelnen Sortimentsteile. Mithilfe der Marktsegmentierung können neue Kundensegmente identifiziert werden. Im Rahmen der Investitionsgütermarktforschung werden die Träger wichtiger Entscheidungen je nach Phase eines einzelnen Projektabschnitts herausgearbeitet. Alle im Rahmen der Marktforschung gewonnenen Daten können mithilfe eines Marketing-Informationssystems (MAIS) gespeichert sowie entscheidungsorientiert aufgearbeitet werden und bei Marketing-Expertensystemen als Basis für die Problemlösung auch schlecht strukturierter, marketingspezifischer Fragestellungen dienen.

Marktforschungsdaten

Von der Marktforschung zur Verfügung gestellte Daten.

Marktforschungsinstitute

Meist gewerbliche Institute, die Marktanalysen für Organisationen, Industrie, Handel und Werbeagenturen erstellen und/oder die Daten dafür erheben und aufbereiten. Ein Teil der deutschen Marktforschungsinstitute hat sich zum Arbeitskreis Deutscher Marktforschungsinstitute e.V. zusammengeschlossen. Marktforschungsinstitute in der Bundesrepublik Deutschland sind aufgeführt im Handbuch der European Society for Opinion and Marketing Research (ESOMAR) und im Handbuch des Bundesverbands der Deutschen Markt- und Sozialforscher (BVM).

Marktnische

Teilmarkt (Marktsegment) des Gesamtmarktes, der durch vorhandene Produkte nicht voll befriedigt wird, weil diese den Vorstellungen der potenziellen Käufer nicht in genügendem Umfang entsprechen. Nach dem Verhalten der potenziellen Käufer bis zur Einführung eines entsprechenden Produktes zu unterscheiden:

(1) *manifeste Marktnische:* sie verzichten ganz;

(2) *latente Marktnische:* sie weichen auf andere Produkte aus.

Marktpotenzial

Aufnahmefähigkeit eines Marktes. Gesamtheit möglicher Absatzmengen eines Marktes für ein bestimmtes Produkt oder eine Produktkategorie. Das Marktpotenzial bildet die obere Grenze für das Marktvolumen.

Marktprognose

Voraussage der Marktentwicklung mittels Marktbeobachtung, indem Zusammenhänge zwischen den Bewegungen verschiedener Märkte oder anderer wirtschaftlicher Faktoren (Konjunkturtest) aufgespürt werden, die in ihren zeitlichen Phasen einander nachgeordnet sind. Der Trend von Preisen und Mengen des einen Marktes liefert die Trendprognose für den nachgeordneten und mit dem vorhergehenden in Verbindung stehenden Markt.

Marktschwankungen

Regelmäßig wiederkehrende Verschiebungen der Marktstruktur; festzu-stellen durch Marktbeobachtung.

Zu *unterscheiden:* jahreszeitliche Schwankungen (Saisonschwankungen) und Konjunkturschwankungen.

Gegensatz: Marktverschiebung.

Marktsegmentierung

Aufteilung des Gesamtmarktes nach bestimmten Kriterien in Käufergrup-pen bzw. -segmente, die hinsichtlich ihres Kaufverhaltens oder kaufverhal-tensrelevanter Merkmale in sich möglichst ähnlich (homogen) und unter-einander möglichst unähnlich (heterogen) sein sollen.

Hauptzweck der Marktsegmentierung ist, Unterschiede zwischen den Käu-fern aufzudecken, um daraus Schlussfolgerungen für segmentspezifische Marketingprogramme zu ziehen (Kundenstrukturanalyse). Damit ergeben sich zwei *Teilaufgaben:* Es müssen die Marktsegmente definiert *(taxonomi-sche Marktsegmentierung)* und segmentspezifische Strategien entwickelt und implementiert werden *(managementorientierte Marktsegmentierung).*

1. *Markterfassungsstrategien* mithilfe kaufverhaltensrelevanter *Segmentie-rungskriterien:*

a) Segmentierung nach demografischen (Religion, Geschlecht, Alter, Haushaltsgröße), nach sozio-ökonomischen (Einkommen, Schul-bildung, Beruf) und nach psychographischen Kriterien (Lebensstil, Merkmale der Persönlichkeit).

b) Segmentierung nach Kaufverhaltens- und Responsemerkmalen (Käu-fer, Nichtkäufer, Verhalten bezüglich nichtpreislicher Marketinginst-rumente, Preisresponse, Preisbereitschaft, Preissensitivität, Preisein-stellung und Sonderangebotsresponse). Der Vorteil der Segmentie-rung nach allgemeinen Käufermerkmalen

(1) liegt in der leichten Messbarkeit der Kriterien, ihr Nachteil ist die relativ geringe prognostische Relevanz bezüglich des tatsächlichen

Kaufverhaltens. Bei einer Segmentierung nach Kaufverhaltens- und Responsemerkmalen

(2) werden die unmittelbar relevanten Kriterien für eine Marktsegmentierung zwar direkt erfasst, sind aber relativ schwer beobachtbar und/oder die auf dieser Basis gebildeten Segmente sind nicht gezielt ansprechbar. Deshalb versucht man,

(3) von den nach Kaufverhaltensmerkmalen definierten Segmenten Beziehungen zu den allgemeinen Käufermerkmalen herzustellen, um dann die Segmente neu zu definieren. Als statistische Methoden werden dabei vor allem die Regressionsanalyse, die Clusteranalyse, die Diskriminanzanalyse, AID-Analyse und die multidimensionale Skalierung (MDS) herangezogen.

2. *Strategien zur segmentspezifischen Marktbearbeitung:*

a) konzentrierte Marktstrategie: Bearbeitung nur des lukrativsten Segments (Marktnische);

b) differenzierte Marketingstrategie: Bearbeitung mehrerer Segmente;

c) selektiv differenzierte Strategie: Bearbeitung weniger ausgewählter Segmente.

3. *Marktsegmentierung im Investitionsgütermarketing:* Makrosegmentierung.

4. *Marktsegmentierung auf internationaler Ebene:* Internationale Marktsegmentierung.

Markttest

Realitätsnahes Verfahren zur Überprüfung der Marktchancen von Produkten. Das Produkt wird probeweise in einem abgegrenzten Markt unter kontrollierten Bedingungen und unter Einsatz ausgewählter oder sämtlicher Marketing-Instrumente verkauft, mit dem Ziel, allgemeine Erfahrungen über die Marktgängigkeit (z.B. Penetration, Wiederkäufer etc.) eines neuen Produktes und/oder die Wirksamkeit von einzelnen Marketing-Maßnahmen oder Strategien zu sammeln.

Marktuntersuchung

Zustandsprüfung des Marktes in seinen einzelnen Marktfeldern (z.B. Absatz- oder Käufermarkt, Liefer- oder Herstellermarkt). Marktuntersuchung setzt sich zusammen aus Markterkundung und Marktforschung, d.h. dass Marktuntersuchung sowohl Markterkundung als auch systematische Marktforschung sein kann.

Marktverschiebung

Bezeichnung der Marktbeobachtung für die auf Strukturwandlung (Marktänderung) zielenden Veränderungen zwischen Bedarfsgestalt und Angebot.

Gegensatz: Marktschwankungen.

Marktvolumen

Realisierte Mengen (Absatz) bzw. Werte (Umsatz) einer Produktgruppe oder Branche auf einem definierten Markt in der betrachteten Planperiode. In der Regel nur ein Teil des Marktpotenzials. Marktvolumen ist notwendig zur Berechnung des Marktanteils.

Matched Samples

Matching. Bei simultanen Messungen im Rahmen der Marktforschung sind Matched Samples aufeinander abgestimmte strukturgleiche Stichproben mit einer oder mehreren Experimentalgruppen sowie bei einer Kontrollgruppe (experimenteller Markt). Die Kontrollgruppe liefert dann beim Vergleich mit der/den Testgruppe(n) einen Maßstab dafür, wie sich die abhängige Variable verändert, ohne dass sie dem Einfluss der unabhängigen Variablen ausgesetzt ist. Alle übrigen Einflussfaktoren (Störvariablen) sind für alle Gruppen gleich und können hierdurch ausgeschaltet werden.

MDS

Abkürzung für *multidimensionale Skalierung*.

Mediaselektionsmodelle

1. *Begriff:* Modelle, mit denen im Rahmen der Mediaplanung eine optimale und zielorientierte Auswahl an Werbeträgern gefunden werden soll.

2. *Grundtypen:*

a) *Rangreihenverfahren* (Ranking): Bei diesen Programmen wird versucht, eine Rangfolge der für eine bestimmte Werbekampagne am besten geeigneten Werbeträger zu ermitteln.

b) *Evaluierungsmodelle* (Bewertungsmodelle): Im Zusammenhang mit Evaluierungsverfahren erfolgt eine Bewertung vorgegebener Streupläne auf der Basis bestimmter Zielkriterien. Man begnügt sich damit, den für das jeweilige Anliegen relativ besten Plan zu identifizieren. Errechnet wird die Kontaktverteilung und gegebenenfalls auch der Leistungswert.

Unabhängige Variablen: Festlegung des/der zu testenden Planes/Pläne, der Zielgruppe, eventuell der Mediagewichte und der Werbewirkungsfunktion.

Abhängige Variablen: Kontaktverteilungskurve (Wie viele Personen der Zielgruppe sind mit welcher Häufigkeit erreicht worden?), um die Ermittlung des Leistungswertes eines Plans durch die Verrechnung der Kontaktverteilung mit der Werbewirkungsfunktion sowie in den überwiegenden Fällen die Eruierung der Kosten des Plans in Relation zur Leistung festzustellen.

c) *Optimierungsmodelle:* Modelle, die darauf angelegt sind, Pläne zu erarbeiten, die dem Planungsoptimum entsprechen. Dies kann z.B. durch lineare Optimierung geschehen. Implizit muss ein Evaluierungsmodell die Pläne bewerten, die das Optimierungsmodell generiert.

d) *Evaluierungs- und Optimierungsmodellen* ist gemeinsam, dass sie nicht nur von der gleichen Modellvorstellung ausgehen, sondern auch das gleiche Datenmaterial zugrunde legen (Umfrage, deren Ergebnisse modelladäquat formuliert sein müssen). Außer diesen gleichen Basisdaten besteht eine weitere Gemeinsamkeit in zwei Elementen der

Anweisung durch den Benutzer: die Definition der Zielgruppe und die Bestimmung der Werbewirkungsfunktion.

3. *Weitere Entwicklung:* Mit den Mediaselektionsmodellen ist es gelungen, einen Teilbereich der werblichen Realität in kohärenter Weise zu formalisieren (zu simulieren). Sie erscheinen als Fragment möglicher Marketingmodelle. Vorstellbar ist heute schon ein Marketing-Mikro-Modell, das das Konsumverhalten des Verbrauchers integriert, indem neben seinen Verhaltensweisen auch seine Einstellungen in das Modell aufgenommen werden, um ein verkleinertes und vereinfachtes Abbild des Marktes zu erhalten; vor allem steht dabei die Frage im Vordergrund, wie sich Einstellungen (Image) und Verhaltensweisen den Produkten und Marken gegenüber im Feld der werblichen und sozialen Kommunikationsströme verschieben. Damit könnten die Mediaselektionsmodelle nicht nur als Planungswerkzeug, sondern vor allem auch als Kontroll- und Prognoseinstrument eine Verwendung finden.

Medienforschung

Teilgebiet der Marktforschung, in dem Reichweiten und Nutzungshäufigkeiten von Werbeträgern untersucht werden.

Meinungsforschung

Demoskopie.

1. *Charakterisierung:* Teilgebiet der empirischen Sozialforschung zur Ergründung der öffentlichen Meinung (Umfrage). Analyse von gesellschaftlichen und wirtschaftlichen Tatbeständen, vor allem Marktanalyse, Werbewirkungs-Analyse und Erfassung der Auswirkungen gesellschafts- oder betriebspolitischer Maßnahmen (innerbetriebliche Meinungsforschung, Betriebsklima).

2. *Methode:* Meinungsforschung beruht meist auf Repräsentativerhebungen mithilfe von Zufallsstichprobenverfahren oder Quotenverfahren (Repräsentativerhebung). Meinungsforschung ist kostspielig, auch bei

repräsentativer Erfassung eines kleinen Querschnitts (Querschnittuntersuchung), da *erforderlich:*

(1) zur Vermeidung des (Interviewer-)Bias eine gründliche Ausbildung der Interviewer (psychologische und technische Schulung sowie Spezialausbildung über den interessierenden Fragenkomplex);

(2) technische Einrichtungen zur Ermittlung des optimalen Ausleseuerfahrens und zur statistischen Auswertung. Deshalb überwiegend Institutsarbeit (Marktforschungsinstitute).

Methodische Frage

Frage in einer Befragung, die nicht der Ergebnisermittlung dient, sondern die Zuverlässigkeit der Methode sicherstellt. Hierzu zählen z.B. die Ablenkungsfragen.

Motiv

1. *Begriff:* (Höhere) Motive sind zeitlich relativ überdauernde psychische Eigenschaften von Personen. Sie werden im Zug der Sozialisation erworben und bilden ein verhältnismäßig stabiles System.

2. *Komponenten:*

a) *Aktivierende Komponente:* Triebe, die das Verhalten, ausgelöst durch Störung des biologischen Gleichgewichts, aktivieren und lenken (Aktivierung, Emotionen).

b) *Kognitive Komponente:* bewusster oder willentlicher Prozess der Zielsetzung, der Wahrnehmung und Interpretation von Handlungsalternativen umfasst, d.h. ein bewusstes Anstreben von Zielen; in der Motivationstheorie ist die Zugehörigkeit der kognitiven Komponente umstritten.

3. *Arten:*

(1) „niedere", physiologisch bedingte Motive (angeborene Triebe und Emotionen, z.B. Hunger, Durst, Schlaf, Sexualität);

(2) „höhere" Motive, die erst nach der Befriedigung von Trieben und Emotionen auftreten (z.B. soziale Motive, Selbstverwirklichung). Weitere Unterscheidung nach Komplexität (Zusammenwirken verschiedener Antriebskräfte) und Konkretheit der Motive

4. *Bedeutung für Marketing und Werbung:* In erster Linie Beschäftigung mit der aktivierenden Komponente: Durch Gliederung der Konsummotivationen in zugrunde liegende Emotionen und Triebe können Zusammenhänge zwischen Antriebskräften und Handlungsabsichten aufgedeckt werden. Für die Werbung ergeben sich daraus Strategiekonzepte, z.B. Ansprechen und Verstärken der sozialen Motive (unter anderem Gruppenzugehörigkeit, Prestige) oder Hervorheben der durch eine Marke möglichen Triebbefriedigung.

5. *Messung:* in erster Linie durch Befragung. Problematisch ist allerdings das Nichtbewusstsein vieler Antriebskräfte und Handlungsabsichten. Deshalb oft auch Einsatz projektiver und nicht verbaler Befragungsmethoden.

Motivforschung

Motivation Research; Zweig der Marktforschung, der auf psychoanalytischen Methoden aufbaut. Die Beweggründe (Motive) des bewussten und unbewussten menschlichen Wollens und Handelns, besonders im Konsumentenverhalten und bei Kaufentscheidungen, werden erforscht und für Zwecke der industriellen Formgebung (Industrial Design, Styling), Produktdifferenzierung und Werbung herangezogen.

Anders: Motivationsforschung.

Multiattributmodell

Technik zur mehrdimensionalen Messung der Einstellung. Es wird konkreter Bezug auf das Untersuchungsobjekt genommen. Das Multiattributmodell geht davon aus, dass sich die Einstellung gegenüber einem Untersuchungsobjekt aus der Wahrnehmung dessen einzelner Eigenschaften bildet.

Multidimensionale Skalierung (MDS)

Mehrdimensionale Skalierung; Verfahren der multivariaten Statistik. Basis sind Bewertungen von Objekten durch Personen. Durch die Unterschiedlichkeit der Bewertung werden Abstände definiert. Die MDS versucht nun die Objekte in einem geringer dimensionierten Raum (meist in eine Ebene) so zu platzieren, dass die Abstände zwischen den Objekten möglichst gut reproduziert werden.

Einsatz: Anschauliche Marktabbildung, welche erkennen lässt, wo es über- und wo unterbesetzte Marktsegmente sind.

Multivariate Analysemethoden

Methoden der statistischen Datenanalyse, die drei oder mehr Variable zum Gegenstand der Untersuchung haben. Die multivariaten Analysemethoden lassen sich nicht ganz überschneidungsfrei in Verfahren der Dependenzanalyse (z.B. Regressionsanalyse) und der Interdependenzanalyse (z.B. Faktorenanalyse) sowie in exploratorische und konfirmatorische Verfahren gliedern.

Anders: univariate Analysemethoden, bivariate Analysemethoden.

Nachfassaktion

Zusätzliche Aufforderung an die Teilnehmer einer schriftlichen postalischen Befragung (oder Werbeaktion mit Rückantwort), die Fragebögen (Antwortkarten) auszufüllen und zurückzusenden. Ziel ist, die Ausschöpfungsquote und damit die Repräsentativität der Umfrage zu erhöhen.

Nachsichtseffekt

Störeffekt bei der Einstellungs- und Imagemessung. Die Testpersonen schätzen ihnen bekannte Untersuchungsobjekte tendenziell günstiger ein als die ihnen unbekannten Stimuli.

Ähnlich: Halo-Effekt.

Namenstest

Teil des Produkttests, Methode für die Überprüfung der Namenseignung (z.B. bei Markennamen) hinsichtlich Assoziationswirkung, Klang, Ansprechbarkeit, Prestige und Einprägsamkeit. Durch Parallelvergleiche kann der optimale Name aus mehreren Namensvorschlägen ermittelt werden. Die Gesamtwirkung eines Namens ist durch die Frage zu testen, welches von zwei sich nur im Namen unterscheidenden Produkten lieber gekauft würde.

Narratives Interview

Form der Befragung, die darauf zielt, den Befragten zum Erzählen persönlicher Erfahrungen zu veranlassen, um so etwas über seine Einstellungen zu erfahren.

Nicht reaktive Messverfahren

Begriff der Marktforschung für alle Messinstrumente, die keine Einbeziehung und Motivation der Testpersonen voraussetzen. Die Versuchspersonen wissen nicht, dass sie getestet werden (z.B. Beobachtung) und können somit auch nicht auf die Messung reagieren.

Nielsen-Panel

Erstes von der A.C. Nielsen Company in den USA entwickeltes Handelspanel, in Deutschland mit Schwerpunkt im Lebensmitteleinzelhandel.

Inhalt der Handelspanel-Berichte:

a) Produkt-Daten;

b) Distributions-Daten:

(1) Numerische Distribution,

(2) gewichtete Distribution;

c) Verkaufsförderungsdaten.

Diese Handelspanel-Daten werden im Normalbericht des Nielsen-Lebensmitteleinzelhandels-Index nach folgenden Gesichtspunkten *aufgegliedert:*

(1) Regionale Aufgliederungen in sogenannte Nielsen-Gebiete (eigene Abgrenzung mit Orientierung an Bundesländergrenzen);

(2) Geschäftstypen der Betriebe;

(3) Organisationsformen der Betriebe.

Nominalskala

Skala, bei der alternative Ausprägungen nur deren Verschiedenheit zum Ausdruck bringen; z.B. besitzen die Merkmale Geschlecht oder Fakultätszugehörigkeit bei Studierenden eine Nominalskala.

Nutzensegmentierung

Benefit Segmentation; Methode der Marktsegmentierung, bei der der Kundennutzen eines Produktes als vorrangiges Segmentierungskriterium dient. Nutzensegmentierungen dienen vor allem der Konzeption und Entwicklung neuer Produkte.

Nutzwertanalyse

1. *Begriff:* Verfahren zur Alternativenbewertung, wobei Alternativen auch an solchen Bewertungskriterien gemessen werden, die nicht

in Geldeinheiten ausdrückbar sind. Berücksichtigt werden bei der Nutzwertanalyse z.B. technische, psychologische und soziale Bewertungskriterien, die sich an quantitativen und qualitativen Merkmalen orientieren (multiattributive Nutzenbetrachtung).

Anders: Kosten-Nutzen-Analyse.

2. *Kennzeichen:* Die Nutzwertanalyse versetzt die bewertende(n) Person(en) in die Lage, die Alternativenbewertung sowohl unter Berücksichtigung eines multidimensionalen Zielsystems als auch spezifischer Zielpräferenzen vorzunehmen.

3. *Ablauf:*

(1) *Aufstellen eines Zielprogramms:* Ein Gesamtziel, z.B. die Anschaffung eines Informations- und Kommunikationssystems (IuK-System) wird in einzelne Subziele differenziert (z.B. Zeitraum bis zum Abschluss des Projekts, strategische Notwendigkeit, Verbesserung des Marktanteils) und nach ihrer Bedeutung für die Zielsetzung des Unternehmens gewichtet (z.B. null für überhaupt nicht wichtig bis zehn für sehr wichtig). Gleichzeitig werden verschiedene Projektalternativen, z.B. IuK-System des Herstellers X, IuK-System des Herstellers Y sowie Eigenentwicklung etc. aufgeführt. Ergebnis dieses Schrittes ist eine Matrix, die in den Zeilen die Zielkriterien und in den Spalten die Alternativen aufführt.

(2) *Angabe der Zielerträge (ZE) für die jeweiligen Alternativen:* Jede Alternative wird für sich hinsichtlich jedes Zielkriteriums direkt bewertet.

Beispiel: Beurteilung des IuK-Systems des Herstellers X im Hinblick auf die Erfüllung der angegebenen Kriterien. Die Bewertungen sind die sogenannten Zielerträge. Sie zeigen den Grad der Erfüllung der einzelnen Kriterien der jeweiligen Alternative und nehmen in der Regel einen Wert zwischen null (kein Erfüllungsgrad) und zehn (hoher Erfüllungsgrad) an.

Beispiel: Erfüllt das IuK-System des Herstellers X das Kriterium „strategische Notwendigkeit" nur zu einem mittleren Grad, erhält diese Alternative den Wert fünf.

(3) *Ermittlung der Zielwerte (ZW):* In einem weiteren Bewertungsvorgang werden sogenannte Zielwerte ermittelt. Der Zielwert bildet sich aus der Multiplikation von Gewichtung und Zielertrag.

Beispiel: Wird das Kriterium „strategische Notwendigkeit" mit zehn gewichtet und erfüllt das IuK-System des Herstellers X dieses Kriterium mit einem Wert von fünf (mittlerer Erfüllungsgrad), ergibt sich ein Zielwert von 50.

(4) *Ermittlung der Nutzwerte pro Alternative:* Werden die einzelnen Zielwerte der Alternativen aggregiert, bekommt man als Ergebnis den Nutzwert von einer Alternative. Diejenige Alternative mit dem höchsten Nutzwert wird ausgewählt. Vor dem Hintergrund der gegebenen Prämissen und Einschätzungen ist sie als optimal anzusehen.

4. *Nachteile:*

a) Die Wertsynthese der Teilnutzwerte (n_{ij}) zu Gesamtnutzwerten N_i mithilfe der in der Regel angewandten Additionsregel ist problematisch, da vorausgesetzt wird, dass die Teilnutzen einheitlich kardinal messbar und die Zielkriterien voneinander nutzenunabhängig sind.

b) Die auf subjektiven Urteilen fußende Zielkriteriengewichtung (k_j–g_j) und Teilnutzenbestimmung; da damit das Ergebnis entscheidend beeinflusst werden kann, kommt es hier in der Regel bei Mehrpersonenentscheidungen zu Konflikten.

5. *Vorteile:* Die Nutzwertanalyse ist als eine heuristische Methode zur systematischen Entscheidungsfindung wegen ihres nachvollziehbaren und überprüfbaren Ablaufs als vorteilhafte Ergänzung anderer Methoden zu betrachten, die dem Abbau der Entscheidungsproblematik bei der Bewertung und Auswahl komplexer Alternativen dienen. Sie ist häufig das einzig anwendbare Hilfsmittel zur Analyse einer Entscheidungssituation, wenn eine Zielvielfalt zu beachten ist und/oder ein monetärer Projektwert nicht bestimmt werden kann.

6. *Beurteilung der mittels Nutzwertanalyse gefundenen Lösung* durch Variation der Parameter (Sensitivitätsanalyse).

7. Eine *Weiterentwicklung* der Nutzwertanalyse stellt die Kosten-Wirksamkeits-Analyse dar.

Objektivität

Eines der Gütekriterien für empirische Tests und Untersuchungen. Eine Aussage (vor allem Messaussagen) ist dann objektiv, wenn sie vom Untersuchungsleiter unabhängig ist. Man unterscheidet die Durchführungsobjektivität (keine Beeinflussung der Untersuchungsergebnisse durch das äußere Erscheinungsbild, das Ziel- und Wertsystem des Durchführenden bzw. Interviewers), die Auswertungsobjektivität (vor allem gegeben bei standardisierten Frage-Items) und die Interpretationsobjektivität (wenig Spielraum für die subjektive Interpretation durch den Untersuchungsleiter).

Offene Frage

Frage in einer Befragung, bei der die Menge der möglichen Antworten prinzipiell unbegrenzt ist. Die Frage wird nicht durch Ankreuzen sondern durch Schreiben von Text oder Zahlen beantwortet. Nachteilig ist, dass die Auswertung solcher Fragen deutlich schwieriger ist als bei geschlossenen Fragen.

Ökoskopische Marktforschung

Form der Marktforschung. Empirische Untersuchung objektiver Marktgrößen (ökonomische Größen und Größenbeziehungen), z.B. Umsätze, Preise, Mengen, Zahl der Anbieter (objekt- bzw. sachbezogen).

Gegensatz: demoskopische Marktforschung.

Omnibus-Befragung

Mehrthemenbefragung; Form der Befragung, bei der verschiedene Themen untersucht werden. Besonders vorteilhaft bei kurzen Frageprogrammen, da die Fixkosten auf mehrere Auftraggeber verteilt werden. Vorteilhaft ist auch, dass der Themenmix dazu führt, dass nicht nur solche Personen antworten, welche an dem Thema interessiert sind (Vermeidung des *Themenbias*). Dadurch, dass Omnibusbefragungen regelmäßig durchgeführt werden, sind sie sehr gut durchorganisiert und sehr schnell. Welche

Institute wann und in welcher Form Omnibusbefragungen durchführen, darüber informiert regelmäßig die Zeitschrift planung & analyse.

Gegensatz: Einthemenbefragung.

Onlinebefragung

Befragung unter Benutzung des Internets. Häufig werden dabei Pools von potenziellen Befragten genutzt, die in sogenannte Befragungspanels zusammengefasst sind. Hier muss eine zu häufige Befragung vermieden werden. Ansonsten werden häufig Besucher bestimmter Websites durch Pop-up-Werbung gewonnen. Dieser Ansatz ist jedoch problematisch wegen der Selbstselektion der Befragten und eignet sich besonders, wenn es um die Beurteilung einer Website durch die Befragten geht.

Vorteile: Onlinebefragungen sind verhältnismäßig preiswert und schnell. Darüber hinaus erlaubt die programmierte Fragenbogensteuerung auch komplexe Befragungsabläufe. Schließlich können auch gut Bilder, bei DSL-Anschlüssen auch Filme und Ton eingesetzt werden.

Bedeutung: laut ADM 27 Prozent aller quantitativen Interviews.

Order of Merit-Test

Verfahren zur Messung der Gestaltungsqualität von Werbemittelentwürfen (Werbung). Die Versuchspersonen werden aufgefordert, die Werbemittelentwürfe in eine Rangfolge zu bringen. Die von jedem Entwurf erzielten Rangplätze werden miteinander verglichen.

Ordinalskala

Rangskala; Skala, auf der alternative Ausprägungen neben Verschiedenheit auch eine Rangordnung zum Ausdruck bringen, z.B. Schulnote oder Intelligenzquotient.

Gegenteil: Nominalskala, Kardinalskala.

Paarvergleich

1. *Methode bei Produkttest oder Werbemittelforschung:* Test-Produkt oder Test-Anzeige werden den Auskunftspersonen in Verbindung mit einem anderen ähnlichen Produkt bzw. einer ähnlichen Anzeige zur vergleichenden Beurteilung präsentiert.

2. *Methode der Befragung bei der Messung von Einstellung und Wahrnehmung:* Aus einer Menge von Objekten werden Testpersonen sämtliche Kombinationen von jeweils zwei Objekten zur Beurteilung der Ähnlichkeit und/oder Präferenz vorgegeben. Bei n Objekten sind von den Testpersonen

$$\binom{n}{2} = \frac{n \cdot (n-1)}{2}$$

Paarvergleiche durchzuführen. Aus den globalen Ähnlichkeitsurteilen wird dann mittels der multidimensionalen Skalierung (MDS) versucht, die zur Beurteilung benutzten Kriterien herauszufinden.

Panel

Ein bestimmter gleichbleibender Kreis von Auskunftssubjekten (Personen, Betrieben), bei denen über einen längeren Zeitraum hinweg Messungen (Beobachtung, Befragung) zu gleichen Themen in der gleichen Methode und zu den jeweils gleichen Zeitpunkten vorgenommen werden. Panels sind auf die Messung von Veränderungen hin optimiert. Ein weiterer Vorteil von Panels ist, dass von den Panelteilnehmern Daten zu unterschiedlichen Zeitpunkten vorliegen. Damit lässt sich z.B. in einem Verbraucherpanel ermitteln, welches Produkt die Käufer eines neuen Produkts früher gekauft haben (Gain-and-Loss-Analyse). Der Einsatz von Panels ist nur dann sinnvoll, wenn die wiederholte Befragung die Ergebnisse nicht oder nur wenig ändert (Paneleffekt) und wenn die Mitarbeitsbereitschaft der Auskunftspersonen über einen längeren Zeitraum hergestellt werden kann. Ansonsten kommen Wellenbefragungen zum Einsatz.

Beispiele: Haushaltspanel, Handelspanel, Verbraucherpanel, Fernsehzuschauerpanel.

Paneleffekt

Beeinträchtigung der Aussagekraft der Ergebnisse einer Panelbefragung dadurch, dass die Panelteilnehmer unter dem Einfluss der Teilnahme am Panel ihr Verhalten ändern. Folgende Effekte sind möglich: Ermüdungserscheinungen (falsche Angaben infolge Nachlässigkeit), Overreporting (Angabe von mehr Käufen als tatsächlich getätigt wurden), Checklist-Effekt (die auf dem Berichtsbogen angegebenen Warengruppen animieren zum Kauf) und das stärkere Bewusstwerden der Einkaufstätigkeit beim Panelteilnehmer. Damit wird die Repräsentanz des Panels verändert, das Ergebnis ist also nicht mehr allgemeingültig. Der Paneleffekt entfällt weitgehend bei Haushaltspanel mit Scanner-Technologie (Scanner-Haushaltspanel).

Panelsterblichkeit

Drop-out-Rate; Verringerung der Zahl der Teilnehmer eines Panels durch Tod, Haushaltsauflösung, Geschäftsschließung, aber auch aus sonstigen Gründen (nachlassendes Interesse, zeitliche Verhinderung etc.). Der Panelsterblichkeit wird dadurch Rechnung getragen, dass die ausgeschiedenen Panelteilnehmer durch andere Reserve- oder neu angeworbene Panelteilnehmer ersetzt werden, die die gleichen Merkmale aufweisen. Die Panelteilnehmer, die über einen Zeitraum hinweg durchgehend berichtet haben, werden als *durchgehende Masse* bezeichnet, im Gegensatz zur *vollen Masse*, die auch die ausgeschiedenen und neuen Teilnehmer umfasst.

Penetration

1. Durchdringung eines Marktes oder einer Verbrauchergruppe mit Informationen oder Produkten.

2. In der *Werbewirkungsmessung* (Werbewirkung) die Erinnerung der Verbraucher an eine bestimmte Produktwerbung, gemessen als Quotient aus der Zahl der Werbeerinnerer und der Zahl der Werbegemeinten (Bekanntheitsgrad).

3. Im Zusammenhang mit *Neuprodukteinführungen* zur Prognose des zu erwartenden Marktanteils des neuen Produktes innerhalb eines bestimmten Zeitraums. Hier ist die Penetration der Anteil der Käufer des Produkts an den Käufern der Warengruppe, gemessen seit der Markteinführung des Produkts. Die Penetration eines Produktes kann durch Preissenkungen und/oder Werbemaßnahmen beschleunigt und verstärkt werden.

Penetrationsrate

Kumulierte Zahl der Käufer eines Produkts in einem Zeitraum im Verhältnis zur Zahl der Käufer der Warengruppe.

Peren-Clement-Index

1. *Begriff:* Der Peren-Clement-Index stellt einen Risikoindex zur Einschätzung von Länderrisiken bei Direktinvestitionen dar. Dieser hat sich neben dem Beri-Index (Business Environment Risk Index, kurz BERI) in der unternehmerischen Praxis global etabliert.

2. *Bewertungsfaktoren:* Der Risiko-Index wird durch die folgenden drei Faktoren bestimmt, die unterschiedlich gewichtet werden: a) unternehmensübergreifende Faktoren, b) Kosten- und produktionsorientierte Faktoren und c) absatzorientierte Faktoren.

a) *Unternehmensübergreifende Faktoren:* Dazu zählen politisch-soziale Stabilität, staatliche Einflussnahme auf Unternehmensentscheidungen und bürokratische Hemmnisse, allgemeine Wirtschaftspolitik, Investitionsanreize, Durchsetzbarkeit vertraglicher Vereinbarungen und die Einhaltung von Schutzrechten bei Technologie- und Knowhow-Transfer.

b) *Kosten- und produktionsorientierte Faktoren:* Dazu zählen rechtliche Beschränkungen der Produktion, Kapitalkosten im Standortland und Möglichkeiten des Kapitalimports, Verfügbarkeit und Kosten des Erwerbs von Grundstücken und Immobilien, Verfügbarkeit und Kosten der Arbeit, Verfügbarkeit und Kosten von Anlagegütern, Roh-, Hilfs- und Betriebsstoffen im Standortland, Handelshemmnisse bei

Güterimport und Verfügbarkeit und Qualität der Infrastruktur sowie staatlicher Dienstleistungen.

c) *Absatzorientierte Faktoren:* Dazu zählen Größe und Dynamik des Marktes, Wettbewerbssituation, Zuverlässigkeit, Qualität einheimischer Vertragspartner, Qualität und Möglichkeiten des Absatzes und Handelshemmnisse bei Export aus dem Standortland.

Je nach Investitionstyp bzw. Motiven der jeweiligen Unternehmen ergeben sich andere Standortfaktoren bzw. unterschiedliche Gewichtungen der verschiedenen Faktoren. Für die kostenorientierte Auslandsinvestition werden die Faktoren der kosten- und produktionsorientierten Faktoren ein höheres Gewicht bekommen und sich die Standortwahl danach entscheiden. Hingegen werden für die absatzorientierten Investitionen die Faktoren wie Wettbewerbssituation und Größe des Marktes eine höhere Bedeutung erlangen.

3. *Vorgehensweise:*

a) Zunächst erfolgt zu den ausgewählten Faktoren jeweils eine individuelle Gewichtung, die je nach Wichtigkeit der einzelnen Faktoren zwischen 1,5 und 3 liegen kann (vgl. Abbildung „gewichtete Bewertungsfaktoren").

b) In einem weiteren Schritt werden zu jedem einzelnen Faktor Punkte für das analysierte Land vergeben. Die Spanne reicht dabei von 0 (extrem ungünstig) bis 3 (außerordentlich günstig). Diese werden dann in die obige Tabelle eingetragen und mit der jeweils vorher festgelegten Gewichtung multipliziert. Dadurch ergibt sich eine erreichte Gesamtpunktzahl für das jeweilige Land. Die Gesamtpunktzahl kann folgendermaßen interpretiert werden: Durch die Multiplikation der Maximalpunktzahl 3 mit den jeweils ausgewählten Gewichtungen der einzelnen Faktoren ergibt sich eine maximal erreichbare Punktzahl. Für das oben aufgeführte Beispiel ergibt sich eine maximal erreichbare Gesamtpunktzahl von 120 Punkten.

Gewichtete Bewertungsfaktoren

Unternehmensübergreifende Faktoren	Punkte	Gewichtung	Ergebnis
Politisch-soziale Stabilität		2	
Staatliche Einflussnahme auf Unternehmensentscheidungen und bürokratische Hemmnisse		2	
Allgemeine Wirtschaftspolitik		2	
Investitionsanreize		1,5	
Durchsetzbarkeit vertraglicher Vereinbarungen		3	
Einhaltung von Schutzrechten bei Technologie- und Know-how Transfer		2,5	
Kosten-, produktionsorientierte Faktoren			
Rechtliche Beschränkungen der Produktion		2,5	
Kapitalkosten im Standortland und Möglichkeiten des Kapitalimports		2	
Verfügbarkeit und Kosten des Erwerbs von Grundstücken und Immobilien		1,5	
Verfügbarkeit und Kosten der Arbeit		3	
Verfügbarkeit und Kosten von Anlagegütern, Roh-, Hilfs- und Betriebsstoffen im Standortland		2	
Handelshemmnisse bei Güterimport		2	
Verfügbarkeit und Qualität der Infrastruktur sowie staatlicher Dienstleistungen		2	
Absatzorientierte Faktoren			
Größe und Dynamik des Marktes		3	
Wettbewerbssituation		2,5	
Zuverlässigkeit, Qualität einheimischer Vertragspartner		2	
Qualität und Möglichkeiten des Absatzes		2	
Handelshemmnisse bei Export aus dem Standortland		2,5	
Summe	40		

c) In einem weiteren Schritt erfolgt dann eine Klassifizierung des Aus-
landsrisikos.

Abstufung von Länderrisiken (auf der Basis von maximal 120 Punkten):

Über 90 Punkte = kein erkennbares Risiko,

80-89 Punkte = geringes Risiko,

70-79 Punkte = mäßiges Risiko und Hindernisse im täglichenBetrieb,
Risikoabsicherung empfohlen,

60-69 Punkte = relativ hohes Risiko, schlechtes Investitionsklima, Risikoabsicherung unumgänglich,

unter 60 Punkte = Standort ist für Direktinvestitionen nicht zu empfehlen.

Anhand der in der Tabelle für das jeweilige Land erreichten Gesamtpunktzahl lassen sich die jeweiligen Länderrisiken in Klassen abstufen und eine Risikoeinschätzung kann gegeben werden.

d) Von hohem Nutzen ist die Verwendung von kritischen Größen, den sogenannten Knock-out-Variablen. Werden vorher bestimmte Schlüsselfaktoren als Knock-out-Variablen festgelegt und erhält ein Land darin Punktewerte kleiner 2, so ist die Direktinvestition abzulehnen. Das gilt auch für den Fall, dass alle anderen Faktoren positive Werte erhalten haben und die Gesamtpunktzahl ein gutes Ergebnis aufzeigt und damit den Standort als positiv erscheinen lässt.

Perimeter

Technisches Hilfsmittel in der Werbemittelforschung (Werbewirkung). Das Gerät wird zur Darbietung von Objekten in der Peripherie des Blickfeldes eingesetzt. Dadurch kann besonders die Erkennbarkeit von Waren- oder Markenzeichen getestet werden.

Personalforschung

1. Form der Beschaffungsmarktforschung, bei der der Arbeitsmarkt als zentraler Engpassfaktor und damit als Untersuchungsgegenstand betrachtet wird.

2. Form der innerbetrieblichen Informationsgewinnung zur Verbesserung der Aufbau- oder Ablauforganisation oder des Führungsstils, z.B. durch die Untersuchung der Motivation und der Arbeitszufriedenheit der Mitarbeiter (z.B. in Form einer Mitarbeiterbefragung).

Personen-Zuordnungs-Test

Projektiver Test (projektive Verfahren), bei dem der Versuchsperson Produkt- und Personenabbildungen gezeigt werden. Sie soll dann die Produkte den Personen zuordnen. Eingesetzt in der Marktforschung bei der Image-ermittlung (Einstellungsforschung).

Persuasion-Test

Sammelbegriff für alle Testverfahren der Messung von Einstellungsände-rungen, die durch Werbung verursacht werden. Die Einstellung der Pro-banden wird vor und nach der Konfrontation mit der Werbung gemessen.

Pfadanalyse

Multivariate Analysemethode, deren Ziel es ist, ein a priori nach Maß-gabe theoretischer Überlegungen aufgestelltes hypothetisches Kausalmo-dell (Pfadmodell) auf der Basis der empirischen Korrelation zwischen den Modellvariablen zu überprüfen. Die vermuteten Abhängigkeiten werden expliziert und grafisch in Form eines Pfaddiagramms dargestellt. Teilmo-dell der Kausalanalyse.

Pilot-Studie

Vorlauf-Studie; in der Marktforschung exploratives Versuchsprogramm kleineren Maßstabs, um Kosten und Erfolg eines Vorhabens zu testen.

Polaritätsprofil

Skalierungsverfahren zur Messung der Einstellung. Gleicht dem semanti-schen Differenzial.

Positionierungsstudie

Studie in der Marktforschung, die sich mit der vergleichenden Beurteilung von Marken aus Sicht der Verbraucher befasst.

Posttest

Test von Marketinginstrumenten nach ihrem tatsächlichen Einsatz im Markt zwecks nachträglicher Kontrolle ihrer Wirkung (Ex-Post-Analyse).

In der Werbung Methode der Werbeerfolgskontrolle zur Ermittlung der Werbewirkung. Dies wird häufig durchgeführt, indem die Gruppe der Merkmalsträger, welche eine bestimmte Behandlung erhalten haben (z.B.

Werbung gesehen haben), verglichen wird mit der Gruppe, welche die Behandlung nicht erhalten haben. Dabei ist zu berücksichtigen, dass die Gruppen sich unterscheiden (z.B. Personen, die Werbung gesehen haben, sehen mehr fern als andere Personen). Diese Effekte müssen durch geeignete Methoden herausgerechnet werden.

Gegensatz: Pretest.

Preisfindung

Prozess der Entscheidungsfindung zur Festlegung des Preises eines neuen Produktes.

Preisforschung

Teilgebiet der Marktforschung.

Preisresponsemessung

Preiswirkungsmessung; Bestimmung der Preisresponsefunktion. Gemessen wird die Wirkung verschiedener Preise und/oder Preisänderungen auf den Absatz oder den Marktanteil eines Produktes. Eine durch Preisresponsemessung erzielte Preisresponsefunktion ist unabdingbare Voraussetzung für jede rationale Preisentscheidung. Die Preisresponsemessung umfasst die Datenbeschaffung und die nachfolgende meist statistisch-ökonometrische Auswertung (Regressionsanalyse).

1. *Datenerfassung:* Die Datenanforderungen sind je nach Marktsituation und Problemstellung unterschiedlich, z.B. Erfassung der Konkurrenzpreise, falls notwendig. Es können sowohl Querschnitts- als auch Längsschnittdaten (Querschnittuntersuchung, Längsschnittuntersuchung) sowie eine Kombination bei den Datenarten verwandt werden.

Bereiche:

(1) Befragung aktueller und potenzieller Käufer (Preistest),

(2) Befragung von Experten (Manager, Handel, Agenturen etc.; Expertenbefragung),

(3) Labor- und Feldexperimente (Experimente),

(4) Beobachtung des tatsächlichen Marktgeschehens (Handelspanel und Haushaltspanel).

2. *Datenauswertung:* Erfolgt je nach Zielsetzung auf verschiedene Arten:

a) Die einfachste Form der Preisresponsemessung besteht darin, die bei unterschiedlichen Preisen erzielten Absatzmengen in einer Tabelle gegenüberzustellen. Ein Vergleich prozentualer Preis- und Absatzänderungen gibt Anhaltspunkte für die Preiselastizität der Nachfrage. Allerdings liefert dieses Verfahren wegen erheblicher Zufallsschwankungen wenig reliable Ergebnisse (Reliabilität), auch ergeben sich oft ökonomisch nicht sinnvolle Werte. Deshalb bieten nur Mittelwerte auf der Basis einer großen Zahl von Datenpunkten eine entscheidungsrelevante Information.

b) Die Ausführung einer Preisresponsemessung erfolgt auf einfache Weise, indem man durch visuelle Inspektion der Preis-Absatz-Datenpunkte z.B. eine Gerade einpasst und die Parameter an den Achsen abliest. Ein exakteres Vorgehen besteht in der ökonometrischen Schätzung der Parameter. Hierbei werden eine Reihe statistisch-ökonometrischer Verfahren angewendet, wobei aus Gründen der Einfachheit stets versucht wird, das Problem linearen Schätzverfahren zugänglich zu machen.

Preistest

Teil des Produkttests oder aber auch ein eigenständiger Test mit dem Ziel, eine Vorstellung über den Preis eines Produktes zu gewinnen, den die Konsumenten zu zahlen bereit sind.

Vorgehensweisen:

(1) Van-Westendorp-Analyse: Den Probanden wird das Produkt gezeigt. Dann werden sie gefragt (offene Frage):

a) Welcher Preis ist angemessen, aber noch günstig?

b) Welcher Preis ist relativ hoch, aber noch vertretbar?

c) Welcher Preis ist zu hoch?

d) Welcher Preis ist so niedrig, dass Zweifel an der Qualität geweckt werden?

Die Methode liefert einen akzeptablen Preisbereich zwischen den Schnittpunkten der kumulierten Kurven zu d) mit b) und a) mit c).

(2) Conjoint-Analyse, wobei der Preis ein Produktmerkmal ist.

(3) Der von der GfK angebotene Price-Challenger, bei dem den Befragten wiederholt die Produkte ihres Relevant Set angeboten werden und sie gefragt werden, welches Produkt sie in dieser Situation kaufen würden. Die Methode liefert Preis-Absatz-Kurven, Preiselastizitäten und Kreuzpreiselastizitäten.

Pretest

Verfahren, bei dem ein Erhebungsinstrument auf seine Verwendbarkeit hin überprüft wird. Üblich beim Fragebogen, um auftretende Schwierigkeiten bei der Frageformulierung oder den Antwortmöglichkeiten erkennen und eventuell noch ändern zu können, z.B. Split Ballot.

Primärforschung

Form der Marktforschung, die Erhebung, Aufbereitung und Auswertung von neuem Datenmaterial für einen bestimmten Untersuchungszweck umfasst. In der Regel geht Sekundärforschung voraus.

Anwendung: Vor allem in der Konsumgütermarktforschung.

Produktpolitik

1. *Begriff:* Umfasst alle Entscheidungen, die sich auf die Gestaltung des Angebotes (Produkte und Dienstleistungen) eines Unternehmens beziehen. Produktpolitik ist eines der marketingpolitischen Instrumente innerhalb des Marketing-Mix. Den Kern der Aktivitäten bildet das Produkt selbst, welches entwickelt, am Markt eingeführt, gepflegt und bei Bedarf modifiziert oder eliminiert werden muss. Daneben spielen Entscheidungen über begleitende Dienste, die Verpackungsgestaltung und die Markenbildung eine Rolle.

2. *Aufgaben:* Die Aufgaben der Produktpolitik teilen sich in drei zentrale Bereiche auf:

a) Produktentwicklung und -einführung, in der es darum geht, neue Produkte zu entwickeln und erfolgreich am Markt einzuführen,

b) Produktpflege und

c) Produktelimination.

3. *Instrumente:* Das produktpolitische Instrumentarium umfasst mehrere Teilbereiche:

a) *Produktqualität* umfasst die Konzeption und Entscheidung über funktionale Produkteigenschaften.

b) *Produktausstattung* umfasst die ästhetische Gestaltung des Produktes durch Verpackung und Design.

c) *Markierung* betrifft die Namensgebung und Kennzeichnung des Produktes.

d) *Programm- und Sortimentsentscheidungen* umfassen die Entscheidungen über die Ausgestaltung von Produktlinien.

e) *Service und Dienstleistungen*, die mit dem Produkt verbunden werden.

Produkttest

1. *Begriff:* Methode zur Ermittlung der optimalen Produktgestaltung.

2. *Merkmale.* Einer Reihe von Testpersonen wird ein Produkt zur Verfügung gestellt. Nach Ge- oder Verbrauch des Produktes werden die Probanden dann nach ihren Eindrücken befragt. Testobjekt können dabei neue oder bereits existierende Produkte sein. Es können entweder der Gesamteindruck des Produkts (Volltest) oder einzelne Faktoren des Produkts (Partialtest), z.B. Verpackung (Verpackungstest), Geruch (Geruchstest), Geschmack (Geschmackstest), Preis (Preistest), Namen (Namenstest) etc., in ihrer Beurteilung durch die Auskunftspersonen geprüft werden.

3. *Zweck:* Es sollen die Produktwirkungen geprüft werden. Wirkungen sollen beim Verwender, Händler, Hersteller und bei Lagerung sowie Transport

im Hinblick auf die gesetzten Ziele ermittelt werden. Verbreitet ist der Verwenderprodukttest. Der Warentest konzentriert sich auf die objektive Prüfung der Sachleistungstauglichkeit durch Nutzung technischer Hilfsmittel. Für die Prognose des Markterfolges ist die subjektive Wirkung beim Käufer (Verwender) wichtiger. Für die Kundenbindung entscheidend ist die subjektive Prüfung der Anmutungswirkungen, deshalb dominieren hier sozialwissenschaftliche Methoden.

Man unterscheidet den Ex-Ante- und Ex-Post-Test. Für ein Unternehmen ist der Ex-Ante-Test vor der Produkteinführung bezüglich der Erfolgsprognose bedeutsam. Weiter unterscheidet man *monadische Tests* (nur ein Produkt wird getestet) und *Vergleichstests* (mehrere Produkte werden miteinander verglichen) sowie *Studiotests* (vor allem für Nahrungsmittel und Getränke) und *Inhome-Tests* (vor allem für Körperpflege und Wasch-, Putz- und Reinigungsmittel), wobei bei letzteren vor allem sogenannte *Produkttestpanels* zum Einsatz kommen. Dies sind oft große Stichproben, von denen 300 bis 1.000 Personen der Zielgruppe ausgewählt werden, denen das zu prüfende Produkt zugesandt wird.

Wichtige Methoden: Akzeptanztest, Blindtest.

Prognose

I. Begriff

Aussage über zukünftige Ereignisse, besonders zukünftige Werte ökonomischer *Variablen* (z.B. angewandt als Konjunkturprognose, Situationsanalyse oder Bevölkerungsvorausrechnung), beruhend auf Beobachtungen aus der Vergangenheit und auf theoretisch wie empirisch fundierten nachvollziehbaren Verfahren und Theorien. Prognosen richten sich vor allem auf Variablen, die nicht oder kaum durch denjenigen gestaltbar sind, der die Prognose vornimmt.

Grundlage jeder Prognose ist eine allgemeine Stabilitätshypothese, die besagt, dass gewisse Grundstrukturen in der Vergangenheit und Zukunft unverändert wirken.

II. Arten

1. *Direkte/indirekte Prognose:* Eine direkte oder autoregressive Prognose liegt vor, wenn Werte einer ökonomischen Variablen ausschließlich aus Werten derselben Variablen in der Vergangenheit heraus prognostiziert werden. Bei indirekter Prognose wird der Wirkungszusammenhang zwischen verschiedenen Variablen in die Prognose einer Variablen eingebaut; hierbei muss allerdings letztlich wieder auf direkte Prognosen zurückgegriffen werden.

2. *Qualitative/quantitative Prognose:* Bei einer qualitativer Prognose werden nur Art und Richtung der Entwicklung ökonomischer Variablen genannt, bei einer quantitativer Prognose geht es auch um das Ausmaß dieser Entwicklung.

3. *Punkt-/Intervall-Prognose:* Bei einer Punkt-Prognose wird ein spezieller zukünftiger Wert für eine ökonomische Variable gesucht, bei einer Intervall-Prognose wird hingegen eine Spanne verlangt, innerhalb derer sich der zukünftige Wert mit hoher „Sicherheit", zumeist als mindestens 90%-Wahrscheinlichkeit definiert, befindet. Bei letzterer kann besonders auch ein Konfidenzbereich angegeben sein (Prognoseintervall).

4. *Bedingte/unbedingte Prognose:* In einem bestimmten Sinn ist jede Prognose bedingt, also als Wenn-Dann-Aussage, zu verstehen; völlig unbedingte Prognosen sind nicht möglich. Allerdings kann so vorgegangen werden, dass Prognosen für ein und dieselbe Variable alternativ je nach gewissen eingehenden Voraussetzungen gemacht werden und dem Verwerter die Einschätzung für das Eintreten dieser Voraussetzungen überlassen wird, etwa bei Bevölkerungsprognosen unter verschiedenen Voraussetzungen bezüglich der Entwicklung der Geburten.

5. *Einzel-Prognose/Prognose-Systeme:* Eine Einzel-Prognose richtet sich auf eine einzige ökonomische Variable. Ein Prognose-System bezieht sich auf eine Gesamtheit von Variablen, die in ihrer gegenseitigen Verknüpfung prognostiziert werden.

6. Verschiedene *Fristigkeiten von Prognosen:* Kurzfristige Prognose (Prognose-Zeitraum bis zwei Jahre); mittelfristige Prognose (bis fünf Jahre); langfristige Prognose (bis zehn Jahre); säkulare Prognose (über mehrere Jahrzehnte oder Jahrhunderte).

7. *Entwicklungs-Prognose (Informations-Prognose, Trend-Prognose):* Die Unternehmung übt keinen spürbaren Einfluss auf die zu prognostizierenden Größen aus (z.b. Marktentwicklung der Personal Computer insgesamt, Veränderungen des Abnehmerverhaltens oder Veränderungen im Distributionssystem).

8. *Wirkungs-Prognose (Instrumental-Prognose, Entscheidungs-Prognose):* Prognose der Wirkungen von Maßnahmen der eigenen Unternehmung (z.b. auf Größen wie Absatz, Umsatz in Abhängigkeit von bestimmten Marketingmaßnahmen).

9. *Indikator-Prognose:* Indikatoren werden zur Prognose von Entwicklungen herangezogen. Indikatoren können, müssen aber nicht in kausaler Beziehung zu der zu prognostizierenden Variablen stehen. Indikatoren lassen sich unterteilen in vorauseilende, koindizierende und nacheilende Indikatoren. So ist die Zahl der erteilten Baugenehmigungen ein vorauseilender Indikator für die Nachfrage in der Baubranche.

III. *Verfahren*

1. Bei *kurzfristigen* Prognosen, besonders im betrieblichen Bereich, werden direkte Prognosen bevorzugt, vor allem Zeitreihen-Prognosen mittels gleitender Durchschnitte oder mittels exponenziellem Glätten; bei *mittelfristigen* Prognosen werden ökonometrische Verfahren zur Fortrechnung des Trends herangezogen oder auch, etwa bei Marktprognosen, die Prognose mittels Wachstumsfunktionen (logistische Funktion; Gompertz-Funktion). Bei Vorhandensein auch *saisonaler Komponenten* (Zeitreihenkomponenten) erfolgt die Prognose des Trends auf der Grundlage von Vergangenheitswerten, die einer Trendbereinigung unterworfen wurden; für Prognosen des *Zukunftswertes* wird dann die Saisonkomponente geeignet

hinzugerechnet. *Indirekte Prognosen* erfolgen zumeist mithilfe der Regressionsanalyse und ökonometrischen Modellen.

2. Grundsätzlich *unterschieden* werden:

a) *Quantitative Prognoseverfahren:* Basieren auf mathematischen Verfahren (z.B. Trendextrapolation, Indikatorprognose, exponenzielles Glätten).

b) *Qualitative Prognoseverfahren:* Basieren auf Erfahrungen, Kenntnissen und Fingerspitzengefühl; angewandt beim Fehlen quantitativer Daten (z.B. Delphi-Technik, Expertenbefragung, Szenario-Technik).

3. Prognosen erfolgen häufig als direkte Prognosen auf der Grundlage von ARMA-Modellen (ARMA(p,q)-Prozess).

IV. *Beurteilung*

1. Beurteilung von Prognosen kann zunächst *qualitativ* und *im Voraus* erfolgen. Kriterien sind die ökonomisch-theoretische Fundierung, die Verträglichkeit von Einzelprognosen innerhalb eines Systems, die Verfügbarkeit qualifizierter Vergangenheitsdaten.

2. Außerdem erfolgt die Beurteilung oft *quantitativ* und *im Nachhinein* durch eine geeignete globale Kennzeichnung der aufgetretenen Prognosefehler (Durchschnitt des absoluten, des relativen Prognosefehlers; Korrelation zwischen prognostiziertem und eingetretenem Wert; Theilscher Ungleichheitskoeffizient). Allerdings sollten die aufgetretenen Prognosefehler nicht nur eine Messung, sondern auch eine Ursachenanalyse erfahren.

Prognosemodell

Komplexes Verfahren, das unter Verwendung einer Kombination unterschiedlicher Prognoseverfahren Prognosen erstellt. Hierdurch wird versucht, allen möglichen Einflussfaktoren Rechnung zu tragen.

Projektive Verfahren

Psychologische Testverfahren, heute vielfach in der Verbrauchsforschung im weiteren Sinne in der (Konsumentenforschung) verwendet. Mithilfe dieser Techniken soll versucht werden, von den Auskunftspersonen geleugnete bzw. unterdrückte Charakteristika, Motive, Einstellungen etc. zu erfahren. Projektive Verfahren sollen die Validität erhöhen, weil die eigentliche Zielrichtung der Frage, auf die die Person nicht antworten will oder kann, verdeckt bleibt. Die Befragten werden über indirekte Fragetechniken dazu bewegt, eigene Charakterzüge in die Umwelt zu „projizieren".

Beispiele: thematischer Apperzeptionstest, Dritte-Person-Technik, Personen-Zuordnungs-Test, Satzergänzungstest, Wortassoziationstest.

Psychologische Testverfahren

Verfahren zur Gewinnung von Informationen über psychische Regungen, Einstellungen, Meinungen, Motive, Empfindungen und Wahrnehmungen.

Arten: apparative Verfahren, explorative Verfahren, Skalogrammverfahren, projektive Verfahren.

Beispiele für Einzeltests: Akustischer Test, Bildenttäuschungstest, Personen-Zuordnungs-Test, Recognitiontest, Satzergänzungstest, thematischer Apperzeptionstest, Wortassoziationstest etc.

Qualitative Marktforschung

Teilbereich der Marktforschung, dessen Ergebnisse inhaltlicher, nicht-numerischer Art sind.

Wichtigste Verfahren der qualitativen Marktforschung sind Gruppendiskussion, Tiefeninterview und psychologische Testverfahren.

Qualitative Marktforschung arbeitet grundsätzlich mit kleinen Stichproben.

Quantitative Marktforschung

Teilbereich der Marktforschung, dessen Ergebnisse numerisch ausgedrückt werden können.

Quantitative Marktforschung arbeitet grundsätzlich mit größeren Stichproben.

Querschnittuntersuchung

Daten, die sich nur auf einen bestimmten Zeitpunkt beziehen.

Gegensatz: Längsschnittuntersuchung.

Randomisierung

Bei Fragebogen Festlegung der Reihenfolge von Fragen oder Listenpositionen durch das Ergebnis eines Zufallsvorganges. Damit sollen Reihenfolgeeffekte vermieden werden. Bei statistischen Testverfahren mit diskreten Prüfverteilungen, bei denen ein vorgegebenes Signifikanzniveau nicht exakt eingehalten werden kann, das Vorgehen, bei Vorliegen eines am Rande der kritischen Region liegenden Wertes der Prüfvariablen durch ein ergänzendes Zufallsexperiment über die Ablehnung bzw. Nichtablehnung der Nullhypothese zu entscheiden.

Ranking

Rangreihenverfahren; Methode der Datenerhebung mittels Befragung, bei der die Testperson die Untersuchungsobjekte nach ihren Präferenzen global beurteilen und als Rangreihe anordnen soll (Skalenniveau,

Skalierungsverfahren). Der Versuchsperson werden nur die Objekte und nicht wie beim Rating auch Eigenschaften vorgegeben. Dadurch wird eine unbeabsichtigte Beeinflussung der Individuen ausgeschlossen.

Rating

Methode der Datenerhebung mittels Befragung, bei der die Testperson die Untersuchungs- bzw. Einstellungsobjekte anhand vorgegebener Merkmale auf eine Skala (Skalenniveau, Skalierungsverfahren) einordnen soll. Die vorgegebene Antwortskala, aus der die Messwerte zur Einordnung der Objekte entnommen werden, bezeichnet man in diesem Zusammenhang auch als Rating-Skala.

Reaktive Messverfahren

Begriff der Marktforschung für alle Instrumente, die eine Einbeziehung und Motivation der Testperson voraussetzen. Die Reaktion der zu testenden Person auf bestimmte Stimuli kann durch das Wissen, dass sie getestet wird, verändert werden (systematischer Fehler). Die Befragung ist stets reaktives Messverfahren. Die Beobachtung kann sowohl reaktiv (Laborforschung) als auch nicht reaktiv (Feldforschung) sein.

Recalltest

Gedächtnistest, Erinnerungstest.

1. *Begriff:* direktes Messverfahren der Gedächtnisinhalte oder Messverfahren der Werbe- oder Markenwirkung.

2. *Arten:* Es können zwei Arten unterschieden werden:

(1)   freie Reproduktion (Free Recall) und

(2)   unterstützte Reproduktion (Aided Recall).

Bei der freien Reproduktion gibt die Testperson das Gelernte frei und ohne Hilfe wieder. Bei unterstützter Reproduktion werden der Testperson Gedächtnisstützen des gelernten Materials geliefert.

3. *Bewertung:* Es herrscht Uneinigkeit darüber, ob Recall-Messungen valide und reliabel sind.

4. *Markenrecall:* Der Markenrecall zeigt die „aktive" Markenkenntnis an. Der Konsument ist in der Lage, zu einem bestimmten Produkt- oder Dienstleistungsbereich aus dem Gedächtnis eine Marke zu nennen.

Messung des Markenrecall: Die Festlegung des vorgegebenen Produktbereiches, zu dem spontan Marken erinnert werden, kann unterschiedlich breit sein. Der Markenrecall kann zudem mit oder ohne Zeitvorgabe erfolgen. Enge Zeitvorgaben erschweren die Recallaufgabe. Alternativ kann auch die Zeit, wann welche Marke genannt wurde, gemessen werden. Dadurch erhält man tieferen Aufschluss darüber, welche Marke besonders stark mit einer Produktkategorie verknüpft und Top of Mind ist.

Bedeutung des Markenrecall: Die aktive Erinnerung sorgt bei bewussten und überlegten Entscheidungen dafür, dass die Marke zur Menge der bei der Wahl berücksichtigten Alternativen gehört. Nur bei sehr geringem Involvement wird die Entscheidung erst in der Kaufsituation getroffen und es genügt die passive Markenkenntnis für den Kauf der Marke.

5. *Bildrecall:* modalitätsspezifische Messverfahren, bei denen die Testpersonen ihre inneren Bilder in visueller Form wiedergeben. Der Bildrecall ist ein Reproduktionsverfahren, bei dem die Testperson ihre inneren Bilder zeichnerisch wiedergibt.

Recognitiontest

Wiedererkennungsverfahren; direktes Messverfahren der Gedächtnisinhalte oder Messverfahren der Werbewirkung. Beim Wiedererkennen wird der Person das gelernte Material zusammen mit anderen Materialien vorgelegt und sie wird gefragt, an welches Material sie sich erinnert. Die Vergessenskurve verläuft bei Messungen des Wiedererkennens flacher als bei Recallmessungen und ist nach oben verschoben.

1. *Markenrecognition:* misst die „passive" Markenkenntnis, da der Konsument sich nur dann an die Marke erinnert, wenn er die Marke (bzw. den Markennamen) sieht.

Messung des Markenrecognition: Gestaltungsmöglichkeiten ergeben sich daraus, ob die Liste der Markennamen, die dem Befragten vorgelegt wird, in Standardschrift geschrieben ist, in den entsprechenden Schriftzügen mit den jeweiligen Farben der Marken oder aus Markenabbildungen besteht.

Bedeutung des Markenrecognition: Bei sehr geringem Involvement wird die Entscheidung erst in der Kaufsituation getroffen und es genügt die passive Markenkenntnis für den Kauf der Marke, bei bewussten und überlegten Entscheidungen ist der Markenrecall nötig.

2. *Bildrecognition:* umschließt Verfahren wie Bilderpuzzle, Bilderzuordnung und Bildmaskierung. Dabei werden der Testperson visuelle Reizvorlagen vorgelegt, die sie ihrem Wissen entsprechend erkennen oder zuordnen soll. Ziel ist, wenig bewusstes bildliches Wissen einzufangen.

Regressionsmodell

1. *Modellarten*: einfache Regression, multiple Regression, lineare Regression, nicht lineare Regression.

2. *Schätzmethode*: Meist wird mit der gewöhnlichen Kleinstquadrate-methode gearbeitet, bei der die Parameter so geschätzt werden, dass die Summe der quadrierten Abweichungen der Regressionskurve von den Datenpunkten minimiert wird. Zur Schätzung der Parameter von Regressionsmodellen werden in der Regel bestimmte Annahmen über die stochastischen Eigenschaften des additiven Störterms getroffen: Mittelwert gleich null, gemeinsame gleiche Varianz (Homoskedastizität), Unabhängigkeit (keine Autokorrelation), Unabhängigkeit von den erklärenden Variablen.

3. *Beurteilung der Regressionsergebnisse*: Die wichtigsten Kennzahlen sind:

(1) Bestimmtheitsmaß (Anteil der durch die Regression erklärten Varianz der zu erklärenden Variable),

(2) t-Werte (pro exogener Variablen ein t-Wert; Beurteilung der Signifikanz des Einflusses einzelner erklärender Variablen auf die erklärte Variable; t-Test),

(3) F-Wert (Beurteilung der Signifikanz der Regression; F-Test für das multiple Regressionsmodell).

4. *Hauptprobleme*: Schätzung und Spezifikation der Funktionsform des Modells und der im Modell auftretenden erklärenden Variablen, Endogenität der erklärenden Variablen, Multikollinearität (Korrelation der erklärenden Variablen bzw. fehlende Varianz selbiger), Autokorrelation und Heteroskedastizität, fehlende Stationarität der Variablen.

Reihenfolgeeffekt

Änderung im Antwortverhalten von Befragungspersonen aufgrund der unterschiedlichen Reihenfolge der vorgelegten Fragen.

Reliabilität

1. *Begriff:* Ein Gütekriterium; wird berücksichtigt bei der Messung theoretischer Konstrukte (z.B. Motivation, Einstellung, Preisbereitschaft). Die Reliabilität einer Messmethode gibt an, inwieweit Messergebnisse, die unter gleichen Bedingungen mit identischen Messverfahren erzielt werden (z.B. bei Wiederholungsmessungen), übereinstimmen. Sie wird häufig als Korrelation zwischen zwei Messreihen berechnet.

2. *Methoden zur Messung:*

a) *Test-Retest-Reliabilität:* Korreliert werden die Einstellungen einer Gruppe, die mit der gleichen Methode zu verschiedenen Zeitpunkten gemessen werden.

b) *Äquivalente Messungen:* Korreliert werden die Einstellungen einer Gruppe, die mit verschiedenen, aber als äquivalent angenommenen Methoden gemessen werden.

c) *Parallele Messungen:* Die Einstellung einer Gruppe wird zweimal mit jeweils verschiedenen Items gemessen.

Repräsentativerhebung

Erhebung, die sich nur auf eine Teilgesamtheit (Stichprobe, Teilerhebung) erstreckt und deren Ergebnisse geeignet auf die Grundgesamtheit übertragen werden können. Die Repräsentativität der Teilgesamtheit ist abhängig von dem zugrunde liegenden Auswahlverfahren.

Im engeren Sinne können nur Zufallsstichprobenerhebungen von einer gewissen Stichprobengröße an als Repräsentativerhebungen gelten. *Im weiteren Sinne* werden trotzdem auch nichtzufällige Auswahlverfahren (bewusste Auswahl) unter die Repräsentativerhebungen gerechnet. Besonders eine sorgfältige und damit qualitativ hochwertige Quotenauswahl hat sich der Zufallsauswahl immer wieder als ebenbürtig erwiesen, bietet indessen nicht die Möglichkeit der Intervallschätzung oder Hypothesenprüfung.

Repräsentativität

Eine Stichprobe ist dann repräsentativ, wenn ihre Ergebnisse ohne systematischen Fehler auf die Grundgesamtheit hochgerechnet werden können. Ein Sonderfall einer repräsentativen Stichprobe ist eine proportionale Stichprobe, bei der alle Anteile in der Stichprobe den Anteilen in der Grundgesamtheit entsprechen. Ist das interessierende Merkmal jedoch sehr ungleich in der Grundgesamtheit verteilt, dann ist es oft sinnvoll, die Einheiten, welche mehr von dem interessierenden Merkmal auf sich vereinen, stärker zu berücksichtigen. So sind Stichproben von Handelspanels grundsätzlich disproportional angelegt. Eine solche Stichprobe ist dann repräsentativ, wenn das Ausmaß der Disproportionalität bekannt ist. Diese wird für die Berichterstattung dadurch wieder ausgeglichen, dass die Stichprobeneinheiten unterschiedliche Hochrechnungsfaktoren erhalten.

Responsefunktion

Response Function, Wirkungsfunktion; Beziehung zwischen beliebig vielen Marketingvariablen (z.B. Preis, Kommunikation, Distribution) und dem Response (Antwort), den die Marketingvariablen bei Konsumenten und Nachfrager auslösen. Unabdingbare Voraussetzung für rationale Marketingentscheidungen.

Messung: Die Responsefunktion kann in tabellarischer, grafischer oder mathematischer Form beschrieben werden. Der Response (abhängige Variable) wird oft in Form von absoluten oder relativen Absatzmengen oder Marktanteilen gemessen, sodass die Responsefunktion Auskunft gibt über Art und Stärke der Wirkung verschiedener Marketingvariablen auf den Absatz und/oder Marktanteil eines Produktes; die Wirkung kann nicht direkt oder indirekt über andere Marketingvariable erfolgen.

Wichtige Sonderformen: Preisresponsefunktion, Werbewirkungsfunktion.

Rücklaufquote

Anteil der versandten Werbemittel mit Rückantwort oder Fragebögen einer postalischen Befragung, die innerhalb eines festgesetzten Zeitintervalls zurückgesandt wurden. Niedrige Rücklaufquote kennzeichnend für das Non-Response-Problem. Die Rücklaufquote soll vor allem von Nachfassaktionen erhöht werden.

Saccade

Blicksprünge bei der Betrachtung von Bild- bzw. Textelementen, die im Rahmen der Blickregistrierung gemessen werden.

Scanner-Handelspanel

Handelspanel, bei dem die Erfassung der Abverkäufe automatisch orts- und zeitkongruent mittels Scanner erfolgt. Wesentliche Vorteile im Vergleich mit dem herkömmlichen Handelspanel: kontinuierliche Erhebungsfrequenz, kürzerer Berichtszeitraum, genauerer Erfassungsmodus für Absätze und Preis, höhere Reliabilität, niedrigere Kosten (da die Abverkäufe und Preise als Nebenprodukt des Kassiervorgangs anfallen).

Scanner-Haushaltspanel

Haushaltspanel, bei dem die Erfassung der Abverkäufe und Preise nicht durch herkömmliche Tagebücher oder Kassenbons erfolgt, sondern mittels Scanner. Die Haushalte werden entweder mit Identifikationskarten ausgestattet, die bei Vorlage an der Kasse (POS) eine orts- und zeitkongruente Erfassung und Zuordnung der Einkaufsvorgänge zu den Haushalten ermöglichen (*POS-Scanning*, Einsatz derzeit nur im Testmarkt Behavior Scan). Beim *Inhome-Scanning* dagegen erfassen die Haushalte ihre Einkäufe zu Hause mit einem Handscan-Gerät.

Vorteile gegenüber dem herkömmlichen Haushaltspanel: genauere Produkterfassung, geringere Belastung der Panelmitglieder, geringere laufende Kosten, Informationsumfang (Informationen über alle Warengruppen statt nur über ausgewählte Warengruppen), größere externe Validität.

Formen: Größere Handscangeräte erlauben die Eingabe aller relevanten Daten mittels einer Tastatur. Daneben gewinnt eine Variante an Bedeutung, bei der das Scangerät nur zur Erfassung des EAN-Codes dient. Alle anderen Daten werden am PC eingegeben und über das Internet übertragen.

Schnellgreifbühne

Technisches Hilfsmittel im Rahmen der Spontanhandlungsverfahren zur Messung der Aufmerksamkeit bei der Werbeerfolgsprognose von Verpackungen (Verpackungstest). Die Testpersonen sollen mittels eines technischen Gerätes spontan aus einer Anzahl von verschiedenen Packungen eine herausgreifen. Dabei wird die Zeit, in der die Entscheidung zu treffen ist, bewusst verkürzt. „Greiftests" auch in abgewandelten Versionen, z.b. werden die Probanden beim Verlassen einer Veranstaltung ganz unvorbereitet darauf hingewiesen, dass sie aus einer Anzahl am Ausgang stehender Packungen eine kostenlos mitnehmen können. Besondere Prüfung der Anmutungsqualität von Packungen und Beurteilung des Preis-/Leistungsverhältnisses verschiedener Alternativen. Die aus den Ergebnissen gezogenen Schlüsse hinsichtlich des zukünftigen Erfolges einer Verpackung sind umstritten.

Schreibtischforschung

Desk Research; Bezeichnung der Marktforschung für Auswertungsarbeiten primär-statistischen Materials (Sekundärforschung).

Anders: Feldforschung, Laborforschung.

Sekundärforschung

1. *Begriff:* Form der Marktforschung, Aufbereitung und Auswertung bereits vorhandenen Datenmaterials, das nicht für den konkreten Untersuchungszweck erhoben worden ist.

2. *Vorteil:* Zeit und Kostenersparnis, da keine empirische Erhebung notwendig ist.

Nachteil: Zeitliche Überholung, gegebenenfalls Qualität des Materials (von der ursprünglichen Zwecksetzung abhängig).

Gegensatz: Primärforschung.

Selektivfrage

Frage in einer Befragung, bei der die Testperson mehrere der Antwortmöglichkeiten auswählen kann.

Self Destroying Prophecy

Prognose, die das Eintreten des vorausgesagten Ereignisses durch die vorherige Ankündigung verhindert.

Gegensatz: Self Fulfilling Prophecy.

Self Fulfilling Prophecy

Prognose, die dadurch eintritt, dass sich alle bzw. die Mehrheit der Marktteilnehmer entsprechend der Voraussage verhalten. Die Prognose wird damit zur Realität. Eine Self Fulfilling Prophecy ist z.B. die Prognose einer Inflation mit der sich anschließenden Flucht in Sachwerte.

Gegensatz: Self Destroying Prophecy.

Semantisches Differenzial

Skalierungsverfahren zur Messung des Images von Objekten, Personen etc. (Einstellung). Die Versuchspersonen stufen auf Bewertungsskalen (Rating-Skalen; Rating) ein Untersuchungsobjekt ein. Die beiden Pole jeder Skala stellen verbale Gegensatzpaare dar. Die Abstufungen bleiben verbal undefiniert und weisen optisch gleiche Abstände auf. Zur Auswertung des semantischen Differenzials dient neben der Mittelwertbildung und Streuungsberechnung über die Menge der Testpersonen die Methode der Datenreduktion (besonders mithilfe der Faktorenanalyse); grafische Veranschaulichung durch Darstellung der jeweiligen Profile.

Ähnlich: Polaritätsprofil.

Single Source

Gemeinsame Datenquelle für Ursache- und Wirkungs-Variablen, die eine Analyse von kausalen Zusammenhängen ermöglicht.

Skalenniveau

Messniveau; Begriff der Statistik für das Intensitätsniveau einer Messung. Zu *unterscheiden:*

(1) *Nominalskala:* Dient lediglich der Klassifikation und Identifikation von Untersuchungsobjekten (z.B. Geschlecht: 1: männlich, 2: weiblich). Die Analyse nominalskalierter Daten beschränkt sich auf Häufigkeitsanalysen.

(2) *Ordinalskala:* Diese ordnet die Untersuchungsobjekte nach ihrem Rang (z.B. Rating A ist besser als Rating B), sagt jedoch nichts über das Ausmaß der Unterschiede aus. Zulässige mathematische Operationen bei ordinalskalierten Daten sind beispielsweise die Berechnung des Modus und des Medians.

(3) *Intervallskala:* Es wird eine Maßeinheit vorausgesetzt, sodass der Abstand zwischen zwei Zahlen oder die Differenz zweier Zahlen eine Bedeutung bekommt (z.B. Temperaturmessung in Grad Celsius). Es existiert jedoch kein natürlicher Nullpunkt. Ein arithmetisches Mittel ist berechenbar und bietet eine sinnvolle Interpretation.

(4) *Verhältnisskala (Ratioskala):* Diese bildet das höchste Skalenniveau. Sie hat im Vergleich mit der Intervallskala zusätzlich einen eindeutig festgelegten Nullpunkt (z.B. Höchstgeschwindigkeit eines Fahrzeugs). Intervall- und Verhältnisskalen werden oft zu *metrischen Skalen* bzw. *Kardinalskalen* zusammengefasst.

Skalierungsverfahren

Verfahren zur Wahrnehmungs-, Image- und Einstellungsmessung. Ziel ist das Messen qualitativer Eigenschaften auf einem möglichst hohen Skalenniveau. Skalierungsverfahren liefern ordinal-, intervall- oder verhältnisskalierte Messwerte, wobei sowohl die Auswahl der aufzunehmenden Stimuli (Expertenbefragung, Pretest etc.) als auch die Interpretation der erhaltenen Antworten objektiv nachvollziehbar sind. Skalierungsverfahren ermöglichen es somit, subjektive Tatbestände in Zahlen auszudrücken und der numerischen Analyse zugänglich zu machen. Die Unterschiede zwischen den einzelnen Verfahren liegen in der Konstruktion und der Anwendung der jeweiligen Skalen.

Bekannteste Verfahren: Thurstone-Skalierung, Likert-Skalierung, Guttman-Skalierung, semantisches Differenzial, Polaritätsprofil, multidimensionale Skalierung (MDS), Coombs-Skalierung, Magnitude-Skalierung, Fishbein-Modell, Trommsdorff-Modell.

Skalogrammverfahren

Verfahren zur Wahrnehmungs-, Image- und Einstellungsmessung. Sie werden den psychologischen Testverfahren zugerechnet.

1. *Im weiteren Sinne:* Erhebungstechniken, bei denen Eigenschaften oder Merkmale zuzuordnen oder Objekte gegenüber vorgegebenen Items einzuordnen sind.

2. *Im engeren Sinne:* Identisch mit den Skalierungsverfahren.

Sortimentsverbundanalyse

Analyse des Sortiments dahingehend, welche Produkte häufig zusammen gekauft werden. Anwendung bei der Auswahl der Sonderangebotsartikel und der Regalplatzzuweisung sowie im Rahmen der Strategie des kalkulatorischen Ausgleichs (Mischkalkulation). Erforderlich sind Daten über Einkaufskörbe von Verbrauchern. Die Auswertung gestaltet sich wegen der großen Datenfülle und der in der Regel nur schwachen Zusammenhänge oft schwierig.

Sozial erwünschtes Antwortverhalten

Bei Befragungen zu beobachtendes Phänomen. Die Probanden geben im Rahmen einer Befragung eine ihrer Meinung nach sozial erwünschte Antwort, die aber nicht ihrer tatsächlichen Einstellung entspricht. Dies kann durch geschickte Fragengestaltung vermindert werden (z.B. Aussagen über andere Menschen treffen lassen). Form des systematischen Fehlers.

Split Ballot

Gabelungsmethode, gegabelte Befragung; Befragung, bei der zwei jeweils repräsentativen Querschnitten unterschiedliche Frageformulierungen vorgelegt werden. Abweichende Ergebnisse sind aufgrund der Strukturgleichheit der Befragtenquerschnitte auf die variierte Fragestellung zurückzuführen. Split Ballot ermöglicht die experimentelle Überprüfung der Zweckmäßigkeit von Frageformulierungen.

Split-Run-Verfahren

Methode der Werbemittelforschung, die nach dem Prinzip des Teilgruppenvergleichs (Split Ballot) vorgeht. Dabei werden verschiedene Anzeigen in unterschiedlichen Gruppen oder Teilstichproben durch Platzierung eines Inserats in nur einem Teil der Auflage, z.B. einer überregionalen Zeitung oder Zeitschrift, getestet. Unterschiedliche Ergebnisse können dann auf die Anzeigen zurückgeführt werden.

Stichprobe

Teilmenge einer Grundgesamtheit, die für eine Untersuchung ausgewählt wird.

Im weiteren Sinne: Durchführung und Ergebnis einer Teilerhebung.

Im engeren Sinne: Synonym für *Zufallsstichprobe.*

Stiftung Warentest

Auf Beschluss des Bundestages 1964 gegründetes unabhängiges Warentestinstitut; Sitz in Berlin.

Ca. 15 Prozent des jährlichen Haushalts sind Bundesmittel; Rest wird aus Publikationen der Stiftung finanziert.

Nach § 2 der Satzung ist der ausschließliche und unmittelbare *Stiftungszweck* die Unterrichtung der Öffentlichkeit über objektiv feststellbare Merkmale des Nutz- und Gebrauchswertes von Waren und Leistungen, die überregional in grundsätzlich gleichbleibender Beschaffenheit und in einer zu ihrer Identifizierung ausreichenden Weise angeboten werden.

Wichtige Veröffentlichungen: „test", „Finanztest".

Store-Test

Realitätsnahes Verfahren der Marktforschung. Das Produkt wird in einer ausgewählten Anzahl von Handelsgeschäften (in der Regel 10 bis 15) unter kontrollierten Bedingungen verkauft. Bei eingeführten Produkten dient der Store-Test der Wirkungskontrolle von Marketingaktivitäten (z.B. Preisaktionen, persönliche Verkaufsförderung, Platzierung), bei neuen bzw. veränderten Produkten der Überprüfung von Marktchancen. Nachteilig ist vor allem, dass keine klassische Werbung eingesetzt werden kann und die Abverkaufsdaten keine Trennung zwischen Erst- und Wiederkauf zulassen und damit der langfristige Produkterfolg, der vor allem vom Wiederkauf abhängt, nur unsicher prognostiziert werden kann.

Anders: Markttest.

Stützung

Hilfestellung bei einer Befragung, indem z.B. die möglichen Antworten in Form von Listen vorgegeben werden.

Tachistoskop

1. *Begriff:* Gerät zur standardisierten Messung von Wahrnehmungssituationen. Mit dem Tachistoskop kann das Wahrnehmungsmaterial systematisch variiert und zeitlich begrenzt dargeboten werden.

2. *Formen:*

(1) *Projektions-Tachistoskop:* Bilder von Gegenständen werden mehr oder weniger lange auf eine Leinwand projiziert;

(2) *Einblick-Tachistoskop:* Gegenstände selbst werden in einem Raum für begrenzte Zeit durch kurzzeitige Belichtung dargeboten

3. *Zweck:*

(1) Test der Wahrnehmung bei niedrigem Involvement;

(2) Analyse des Zustandekommens der Wahrnehmung;

(3) Überprüfung des ersten flüchtigen Eindrucks (Anmutung) bis zum genauen Verständnis.

Teilerhebung

Begriff der Statistik für eine Erhebung, bei der nur *ein Teil* der Grundgesamtheit untersucht wird (Teilgesamtheit); damit ergibt sich eine Stichprobe im weiteren Sinne. Teilerhebungen sind kostengünstiger als Vollerhebungen; bei unendlichen Grundgesamtheiten oder beispielsweise einer zerstörenden Prüfung sind nur Teilerhebungen möglich. Je nachdem, nach welchem Auswahlverfahren die Teilerhebung erfolgt, ist die Übertragung von Ergebnissen der Teilerhebung auf die Grundgesamtheit (Hochrechnung) mehr oder minder problematisch. Ist diese Übertragung möglich, so ist die Stichprobe repräsentativ (Repräsentativität).

Gegensatz: Vollerhebung.

Telecontrol XL

In der Fernsehforschung (Zuschauerforschung) eingesetztes Messgerät, mit dem die Fernsehnutzung der einzelnen Haushaltsteilnehmer gemessen wird. Dabei wird der eingeschaltete Kanal automatisch erfasst; die zuschauenden Personen melden sich über personalisierte Tasten auf einer Fernbedienung an. Die Übertragung der gespeicherten Informationen erfolgt täglich über ein Modem.

Telefonbefragung

Methode der mündlichen Befragung mithilfe des Telefons. Besonders geeignet für schnell durchzuführende Untersuchungen mit kurzem Frageprogramm (Blitzumfragen).

Testmarkt

Teil-Absatzmarkt, auf dem neuentwickelte Produkte probeweise eingeführt werden, um durch begleitende Befragungen und/oder Marktbeobachtungen das Einführungsrisiko auf dem Gesamtmarkt kalkulierbar zu machen. Anforderungen sind Repräsentativität (Bevölkerungs-, Wirtschafts-, Wettbewerbs- und Handelsstruktur), räumliche Abgegrenztheit und Unabhängigkeit (Überschneidungen von Einzugsgebieten) sowie Vergleichbarkeit der Mediastrukturen. Es besteht die Gefahr, dass die Konkurrenz vorzeitig eigene Marketingaktivitäten erfährt und unter Umständen rechtzeitig mit Gegenmaßnahmen reagiert.

Beliebte Testmärkte:

(1) für Bundesrepublik Deutschland Bremen, Berlin, Rhein-Neckar-Raum, Hessen;

(2) für die EU Saarland und Luxemburg;

(3) für Europa Schweiz.

Testmarktersatzverfahren

Mini-Testmarkt-Panel; Verfahren, das die Nachteile eines großen Testmarkts zu vermeiden sucht. Elemente eines Store-Tests werden mit solchen eines Haushaltspanels verknüpft.

Testmarktsimulation

Simulation von Markttests im Labor (Laborforschung).

1. *Bekannte Verfahren:* ASSESSOR, TESI, Schaefer-Labortest sowie SEN-SOR.

2. *Vorgehensweise des TESI-Verfahren:* Es werden ca. 300 Warengruppenverwender in ein Studio eingeladen. Diese erhalten zunächst einen Geldbetrag, der den Preis des teuersten Produkts in der Warengruppe leicht übersteigt. Dann werden Sie nach ihrem Einkaufsverhalten in der Warengruppe befragt (unter anderem gekaufte Menge, bevorzugte Marke, Relevant Set). Anschließend erhalten Sie Werbung mehrerer Produkte, unter anderem auch des Testprodukts. Dadurch wird 100 Prozent Awareness geschaffen. Dann werden sie an ein Regal geführt, in dem die Produkte mit Preisen sind. Sie werden aufgefordert, ein Produkt zu kaufen und mit dem eingangs erhaltenen Geldbetrag zu bezahlen. Anschließend werden sie gefragt, welches Produkt sie wählen würden, wenn die zuvor ausgewählten Produkte nicht verfügbar wären. Wichtig ist, ob das Testprodukt ausgewählt wurde und an welcher Stelle. Damit erhält man eine Schätzung der Penetration für das Testprodukt. Anschließend erhalten die Testpersonen das Testprodukt zum Probieren mit nach Hause. Nach ca. 3 Wochen werden sie wieder eingeladen. Über ein Chip Game wird bestimmt, wie stark die Verbraucher das Produkt bei Wiederkäufen berücksichtigen wollen. Zusammen mit der Penetration sowie der extern vorgegebenen Entwicklung von Distribution und Awareness lässt sich dann die Entwicklung des Marktanteils im ersten Jahr nach der Markteinführung abschätzen.

3. *Beurteilung:* Vorteile der Testmarktsimulation sind der hohe Grad der Geheimhaltung und die Schnelligkeit der Ergebnislieferung. Nachteilig sind die eingeschränkten Testmöglichkeiten sowie die fehlende Realitätsnähe.

Testverfahren

Prüfungsverfahren; neben den statistischen Testverfahren und psychologischen Testverfahren werden besonders nach dem Erkenntnisobjekt Anzeigentest, Markttest, Store-Test, Namenstest, Preistest, Verpackungstest, Konzepttest, Produkttest und Markentest (Recalltest) unterschieden.

Thematischer Apperzeptionstest

Thematic Apperception Test; projektiver Test (projektive Verfahren). Der Auskunftsperson werden 20 Bildtafeln vorgelegt. Zu jeder Abbildung soll sie eine selbsterfundene Geschichte erzählen. Da die Testperson in ihre Schilderung eigene Impulse, Wünsche, Schuldgefühle etc. hineinprojiziert, können wertvolle Anhaltspunkte über ihre Persönlichkeit gewonnen werden oder die Messung impliziter Motive (z.b. Macht-, Leistungs- oder Anschlussmotiv).

Theoretisches Konstrukt

Im Marketing werden darunter komplexe Variable mit vielen Aspekten verstanden wie z.b. soziale Schicht, Einkaufsatmosphäre oder Qualitätswahrnehmung. Diese müssen vor einer Anwendung operationalisiert werden. Hierzu werden zunächst Items gesammelt, wobei ein Item eine Behauptung ist, der zugestimmt oder die abgelehnt werden kann. Diese Items müssen getestet werden, z.b. mithilfe der klassischen Testtheorie. Dabei werden die Items ausgewählt, welche den Sachverhalt beschreiben.

Thurstone-Skalierung

Skalierungsverfahren zur Messung von Einstellungen.

1. *Konstruktion* der Skala in vier Stufen:

(1) Generierung einer großen Menge von Statements, die möglichst umfassend sein und alle Eigenschaften des Untersuchungsobjektes widerspiegeln sollen.

(2) Sämtliche Statements werden durch unabhängige Sachverständige nach ihrem Grad der Günstigkeit für ein Objekt in 11 Kategorien eingestuft.

(3) Für jedes Statement wird ein Skalenwert (Median) und ein Maß für die Streuung berechnet (Differenz zwischen 3. und 1. Quartil).

(4) Auswahl von 20 bis 22 Statements aus der Gesamtmenge auf der Basis gleicher Abstände der Skalenwerte und geringer Streuung.

2. *Anwendung:* Die Testpersonen wählen die Statements aus, denen sie zustimmen. Deren arithmetisches Mittel ergibt dann den Einstellungswert der jeweiligen Testperson.

3. *Vorteil:* Geringer fragebogentechnischer Aufwand; *Nachteil:* Schwierigkeiten der Skalenkonstruktion.

Tiefeninterview

Intensivinterview; Form der nicht standardisierten bzw. teilstrukturierten mündlichen Befragung, mit relativ großer Freiheit des Interviewers bezüglich Inhalt und Gestaltung, wodurch die Auskunftsbereitschaft und die Spontaneität der Befragten erhöht werden kann. Instrument der qualitativen Marktforschung.

Tracking

Regelmäßig wiederkehrende Untersuchung desselben Sachverhalts. Ein Tracking kann im Rahmen eines Panels oder bei wechselnden Stichproben durchgeführt werden.

Trommsdorff-Modell

Modell zur Messung der Einstellung (Skalierungsverfahren). Die kognitive Komponente der Einstellung wird direkt (Einschätzungen auf Rating-Skalen), die affektive Komponente indirekt durch Fragen nach der idealen Merkmalsausprägung eines Untersuchungsobjekts und einem anschließenden Soll-Ist Vergleich erfasst.

Typologie

Typenlehre; methodisches Hilfsmittel, mit dem reale Erscheinungen geordnet und überschaubar gemacht werden, indem das als wesentlich Erachtete zum Ausdruck gebracht wird. Der einzelne *Typus (Typ)* repräsentiert eine Vielzahl von Erscheinungen, die ein gemeinsames Merkmal (bzw. gemeinsame Merkmale) aufweisen. Im Marketing dient die Typologie z.B. der Einteilung einer Grundgesamtheit in homogene Gruppen nach psychografischen Gesichtspunkten. Typologien werden hier zur Definition von Zielgruppen herangezogen und ergänzen klassische Zielgruppendefi-nitionen, die lediglich auf soziodemografischen Kriterien basieren (Käufer-typologie).

Innerhalb der *Wirtschaftswissenschaften* allgemein ist die Typologie unter anderem in der Marktformenlehre, der Klassifikation von Unternehmen oder Betrieben oder allgemein von Menschen (Typenpsychologie) von Bedeutung.

Umfrage

1. *Begriff:* Repräsentativerhebung für die Markt- und Meinungsforschung mittels Fragebogen (Befragung).

2. *Voraussetzungen:*

a) *Auswahl der Befragten:* Zahl der auszugebenden Fragebögen und Bestimmung etwaiger Ersatzbefragten für „Not-at-Homes", d.h. bei mehrfacher Rückfrage nicht Antwortende (Non-Response-Problem), gemäß Genauigkeitstafeln und Zufallstafeln.

b) *Scharf umrissenes Fragenprogramm:* Mit Ausnahme von Eisbrechern und Kontrollfragen keine Frage, die nicht eindeutig in Beziehung zum Untersuchungsziel steht. Beantwortung vereinheitlicht durch Vorgaben, d.h. Angabe einer Auswahl möglicher Antworten, kann zu einer Beeinflussung führen; Antworten auf offene Fragen sind dagegen schwerer auszuwerten.

3. *Auswertung:* erfolgt durch Anwendung statistischer Methoden (univariate Analyseverfahren, bivariate Analyseverfahren, multivariate Analysemethoden).

Umsatzstatistik

Erfassung und Aufbereitung der Umsätze in Form von Vollerhebungen wirtschaftlicher Einheiten (Unternehmen, Betriebe, Arbeitsstätten) für einen bestimmten Zeitabschnitt (in der Regel Monat oder Jahr) als Merkmal zur Kennzeichnung der Struktur des Gewerbes durch Gliederung der Einheiten nach Umsatz-Größenklassen oder als Repräsentativerhebungen nach monatlichen oder jährlichen Meldungen, z.B. des Produzierenden Gewerbes, des Gastgewerbes oder des Groß- und Einzelhandels.

Underreporting

Besondere Form des Paneleffekts, bei dem Produktkäufe nicht genannt werden, die stattgefunden haben, weil sie vergessen oder als zu mühsam erachtet wurden oder als sozial nicht wünschenswert angesehen werden (z.B. Alkoholika, Tabakwaren). Underreporting tritt besonders bei Warengruppen auf, die unterwegs gekauft werden (z.B. Coladosen).

Univariate Analysemethoden

Methoden der statistischen Datenanalyse, die nur eine Variable zum Gegenstand haben. Bezieht sich diese eine Variable nur auf einen *Zeitpunkt,* werden Häufigkeitsanalysen (absolute Häufigkeit, relative Häufigkeit, Häufigkeitsverteilung) verwandt. Darüber hinaus können Maßzahlen für die Lage wie der Median (Wert, für den 50 Prozent der Merkmalsträger und 50 Prozent darüber liegen) oder das arithmetische Mittel, und Maßzahlen für die Streuung wie der Interquartilsabstand (Abstand zwischen den Werten bei dem 25 Prozent bzw. 75 Prozent kleiner sind) und die Standardabweichung, ermittelt werden.

Erstreckt sich die Variable über einen *Zeitraum,* spricht man von Zeitreihenanalyse.

Anders: bivariate Analysemethoden, multivariate Analysemethoden.

Usage & Attitude-Studie

Verbraucherbefragung (Abnehmerbefragung) zur Einstellung und zur Verwendung von Produkten eines oder mehrerer Produktbereiche. Usage & Attitude-Studien ergänzen die reinen Kaufdaten aus einem Verbraucherpanel, indem sie sich auf die Nutzung der Produkte beziehen. Sie dienen der Marktanalyse, der Marktsegmentierung und der Ermittlung sogenannter „White Spots", das sind bisher noch wenig bediente Marktbereiche.

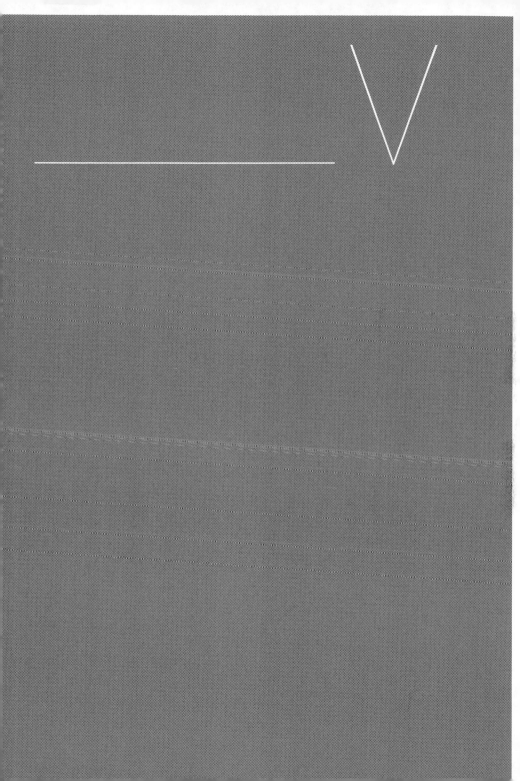

Validität

Gültigkeit.

1. *Begriff:* eines der Gütekriterien: Ausmaß, in dem eine Messmethode tatsächlich das Konstrukt misst, das gemessen werden soll (misst z.B. die durch Befragung gemessene Kaufabsicht das tatsächliche Kaufverhalten?). Besondere Relevanz bei der Messung von nicht direkt beobachtbaren theoretischen Konstruktionen (Motivation, Einstellung, Preisbereitschaft etc.).

2. *Arten:*

a) *Inhalts-Validität (Content Validity):* bezieht sich auf die Gültigkeit des Inferenz-/Induktionsschlusses und gibt an, inwieweit die beobachtete Wirkung auch für die relevante Grundgesamtheit gilt.

b) *Kriterien-Validität (Criterion Validity):* Die Validität wird durch einen Vergleich mit einem beobachtbaren Kriterium (z.B. Kaufverhalten) überprüft. Korreliert man beobachtetes Verhalten mit dem Verhalten, das aus der Messung von Einstellung prognostiziert wurde, spricht man von *Vorhersage-Validität (Predictive Validity).* Werden Einstellung und Verhalten gleichzeitig gemessen, handelt es sich um *Übereinstimmungs-Validität (Concurrent Validity).*

c) *Konstrukt-Validität (Construct Validity):* liegt vor, wenn man die Ergebnisse aus mehreren Messungen eines theoretischen Konstrukts bei Verwendung verschiedener Methoden korreliert (*Convergent Validity*) oder die Ergebnisse aus mehreren Messungen verschiedener Konstrukte korreliert (*Discriminant Validity*).

d) *Interne Validität:* Maß für die Sicherheit, mit der die beobachtete Wirkung tatsächlich der experimentell veränderten Variablen zugeschrieben werden kann.

e) *Externe Validität:* Die Zusammenfassung der Inhalts- und Vorhersage-Validität.

f) Im Unterschied zu der bisher behandelten wissenschaftlichen Validität versteht man unter *Anschauungs-Validität (Face Validity)* die Übereinstimmung der Ergebnisse mit den subjektiven Einschätzungen von Experten (Expertenbefragung).

Varianzanalyse

Verfahren der multivariaten Statistik und Testverfahren zum Mehr-Stichproben-Fall, das im Marketing und in der experimentellen naturwissenschaftlichen Forschung auf der Grundlage verschiedener Versuchspläne eingesetzt wird. Wie bei der Regressionsanalyse, die eine analoge Fragestellung betrifft, unterscheidet man bei der Varianzanalyse drei Gruppen von Variablen: Eine oder mehrere abhängige Variablen, eine oder mehrere unabhängige Variablen (Faktoren) und Störvariablen (Störgröße). Während die abhängigen Variablen metrisch skaliert sind, sind bei der Varianzanalyse die Faktoren kategorial (Skalenniveau); gegebenenfalls werden die Kategorien durch Klassenbildung gewonnen. Ziel der Varianzanalyse ist es, zu testen, ob die Faktoren einzeln oder in Kombination die abhängige(n) Variable(n) beeinflussen. Grundprinzip der Varianzanalyse ist die Varianzzerlegung.

Zur Umgehung der Normalverteilungsvoraussetzung (Normalverteilung) für die abhängige(n) Variable(n) wurden verteilungsungebundene Verfahren der Varianzanalyse entwickelt, etwa die Rang-Varianzanalyse.

Verbraucherpanel

Panel zur Untersuchtung der Kaufgewohnheiten von Einzelpersonen (Individual-Panel) oder Haushalten (Haushaltspanel).

Verbrauchsforschung

1. *Begriff:* wissenschaftliche Disziplin, die das Verhalten der Haushalte am Markt (als Verbraucher) zum Gegenstand hat (im Sinn einer engen Definition des Konsumentenverhaltens).

2. *Arten:*

a) *Theoretische* Verbrauchsforschung, die als Teildisziplin der Wirtschaftstheorie zu generellen Aussagen über die Verhaltensweisen und Einstellungen der Verbraucher gelangen möchte.

b) *Praktische* Verbrauchsforschung, von Bedeutung unter anderem im Hinblick auf ihre Nutzanwendung. Sie kann sowohl gesamtwirtschaftlichen als auch einzelwirtschaftlichen Zwecken dienen; in letzterem Fall ist die Verbrauchsforschung ein Bereich der Marktforschung, nämlich die systematische Untersuchung des Verbrauchs bzw. absatzrelevanter Daten über die Verbraucher. Verbrauchsforschung in diesem Sinn umfasst: die Untersuchung der Bedürfnisse der Konsumenten und deren Neigung zur Bedürfnisbefriedigung sowie die Motive zur Aufnahme oder Ablehnung eines bestimmten Angebots, Feststellung der Kauf- und Verbrauchsgewohnheiten; Untersuchungen über Marktgerechtigkeit der Fabrikate, Angemessenheit der Preise, Aufnahmefähigkeit des Marktes für ein bestimmtes Produkt; Erforschung der Reaktion der Konsumenten auf bestimmte Werbemittel und auf verschiedene Verkaufsmethoden (Bedienung, Selbstbedienung etc.) und sonstige Marketingmaßnahmen.

Verhältnisskala

Ratioskala; Skala, auf der alternative Ausprägungen bezüglich Verschiedenheit, Rangordnung und Abstand bewertbar sind und auch ein Verhältnis von Ausprägungen sinnvoll interpretiert werden kann.

Beispiele: Länge, Einkommen, Einwohnerzahl.

Verpackungstest

Packungstest; Test der Anmutung der Verpackung (Packung) einer Ware. Besondere Form des Produkttests. Auch Messung des assoziierten Preis/Leistungsverhältnisses.

Hilfsmittel zur Messung: Schnellgreifbühne, Tachistoskop.

Vollerhebung

Totalerhebung, Zensus; in der Statistik eine Erhebung, in die sämtliche Elemente der Grundgesamtheit einbezogen sind. Die Verfahren der Statistik beschränken sich in diesem Fall auf Deskription (deskriptive Statistik); die Inferenzstatistik steht im Hintergrund. In vielen Fällen ist Vollerhebung nicht möglich oder zu aufwendig. Vollerhebungen sind besonders die Volkszählungen.

Gegensatz: Teilerhebung.

Vorgabe

Standardvorgabe, Check List; bei einer Umfrage wird eine Auswahl möglicher Antworten in Fragebogen nummeriert aufgeführt. Die Vorgabe erübrigt die (bei der Auswertung der rücklaufenden Fragebogen sonst für die verschiedenen Antwortmerkmale notwendig werdende) Klassenbildung. Andererseits entsteht die Gefahr der Beeinflussung des Befragten.

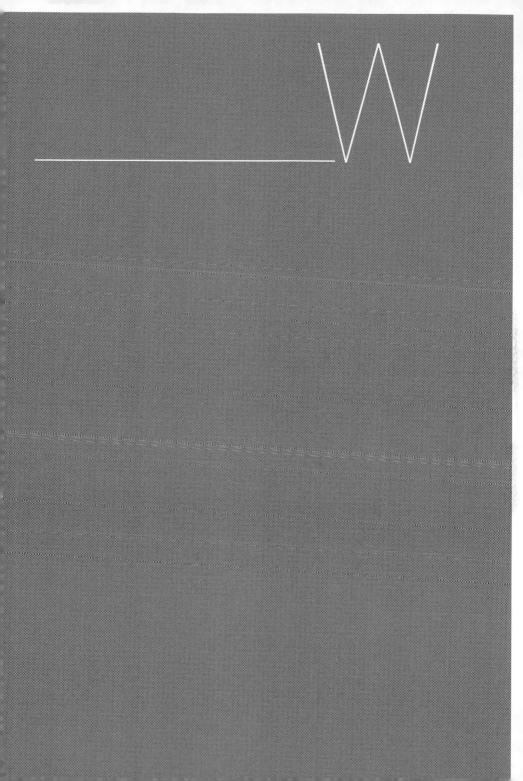

Wahrscheinlichkeitsauswahl

Zufallsauswahl.

Wellenbefragung

Wechselnde Stichproben werden wiederholt zu den gleichen Themen mit der gleichen Methode und zu den gleichen Zeitpunkten angewendet. Dient zur Messung von Veränderungen, wenn Panels nicht geeignet sind.

Beispiel: Werbetracking.

Werbeforschung

Teilgebiet der Marktforschung. Die Werbeforschung hat die Aufgabe den Einsatz der Werbung, Werbewirkung und Kommunikationsprozesse zu analysieren, um diese zu verbessern.

Werbetest

Methoden zur Ermittlung der Wirkung von Werbung. Je nach Realisation als Beobachtung oder Befragung werden besonders Aufmerksamkeits- und Kommunikationsleistung, Einstellungsänderungen und Bevorzugung oder Kauf gemessen.

Werbetracking

Häufig eingesetzte Form des Posttests von Werbung. Dabei werden in regelmäßigen Abständen (z.B. monatlich) wechselnde Stichproben von Verbrauchern der Zielgruppe (z.B. 400 Personen) befragt zur Werbeerinnerung (ungestützte Bekanntheit, gestützte Bekanntheit, erinnerte Werbeinhalte, Sloganzuordnung etc.) und Einstellung zum beworbenen Produkt (Image, Kauf bzw. Kaufabsicht etc.). Die dabei erzielten Werte (z.B. Anteil der Personen, die sich gestützt an die Werbung erinnern) werden im Zeitverlauf der Erhöhung bzw. Verminderung des Werbebudgets (als Ausdruck des Werbedrucks) gegenübergestellt. Eine funktionierende Kamapgne zeichnet sich dadurch aus, dass die Leistungswerte auf Erhöhungen des Werbedrucks reagieren, dass der Trend der Leistungswerte positiv und ihr Niveau nicht zu niedrig ist. Ist der Trend der

Leistungswerte trotz gleich bleibender oder erhöhter Werbeausgaben negativ und/oder das Niveau niedrig, so sollte die Kampagne durch eine neue ersetzt werden.

Wortassoziationstest

Projektiver Test (projektive Verfahren), bei dem der Versuchsperson Worte vorgegeben werden, zu denen sie die damit assoziierten Gedanken wiedergeben soll, z.B. Assoziation zu bestimmten Markennamen. Weitere Anwendungen in den Bereichen der Werbepretests, der Imageforschung und der Produktnamensgebung.

Zentralitätseffekt

Störeffekt bei der Einstellungs- und Imagemessung. Die Testpersonen vermeiden extreme Beurteilungen von Untersuchungsobjekten (besonders, wenn sie ihnen nicht bekannt sind) zugunsten gemäßigter Einschätzungen.

Zielgruppe

Adressaten; Gesamtheit aller effektiven oder potenziellen Personen, die mit einer bestimmten Marketingaktivität angesprochen werden sollen.

Grundlage zur Zielgruppenfindung nach jeweils relevanten Merkmalen ist die Marktsegmentierung; Hauptproblem ist die zeitliche Instabilität (Dynamik).

Zur Vermeidung von Streuverlusten werden in der Mediaplanung nur die zielgruppenspezifischen Medien ausgewählt.

Arten:

(1) Soziodemographische Zielgruppe (z.B. Alter, Geschlecht, Bildung);

(2) Zielgruppe aufgrund von verhaltensorientierten Merkmalen (z.B. Intensivverwender, Erstkäufer);

(3) Zielgruppe aufgrund psychologischer Merkmale (z.B. innovationsfreudig, sicherheitsorientiert);

(4) Zielgruppe aufgrund medienorientierter Merkmale (Nutzer bestimmter Medien).

Zufallsauswahl

Verfahren der Auswahl von Stichproben, bei dem jedes Element der Grundgesamtheit eine vorab bekannte Chance besitzt, in die Stichprobe zu gelangen.

1. Verfahren: bekanntestes Verfahren ist die einfache Zufallsauswahl, bei der jedes Element die gleiche Wahrscheinlichkeit hat. Komplexere Verfahren gehen von einer Unterteilung der Grundgesamtheit in Teilgesamtheiten aus, wobei jedes Element der Grundgesamtheit zu genau einer

Teilgesamtheit gehört. Bei der geschichteten Zufallsstichprobe werden aus allen Teilgesamtheiten einfache Zufallsstichproben gezogen. Bei der Clusterauswahl werden zufällig Teilgesamtheiten gezogen, die dann vollständig erhoben werden. Bei der zweistufigen Auswahl werden zunächst zufällig Teilgesamtheiten gezogen, in denen dann durch einfache Zufallsauswahl wiederum Einheiten gezogen werden. Diese Grundformen lassen sich kombinieren und erweitern. So kann die Auswahl der Cluster mit einer geschichteten Stichprobe erfolgen.

2. *Zufallsstichproben in der Praxis*: In der Praxis sind besonders zufällige Telefonstichproben und Stichproben für persönliche Befragungen relevant. Bei ersteren werden beim *Gabler-Häder-Verfahren* von den in Telefonbüchern bekannten Telefonnummern die letzten beiden Ziffern gestrichen und alle möglich Ziffern von 00 bis 99 wieder angehängt. Dadurch werden auch solche Haushalte erreicht, die nicht in den Telefonbüchern verzeichnet sind. Bei Stichproben zur persönlichen Befragung werden zunächst lokale Einheiten von ca. 1500 Einwohnern (sogenannte Sample Points) ausgewählt, aus denen dann nach einem Zufallsverfahren Haushalte ausgewählt werden. Bei beiden Verfahren erfolgt dann die Auswahl der zu befragenden Person z.B. nach dem Last-Birthday-Verfahren, bei dem die Zielperson befragt wird, welche zuletzt Geburtstag hatte.

Anders: Bewusste Auswahl.

Zufallsstichprobenverfahren

In der Statistik Verfahren einer Teilerhebung mit zufälliger Auswahl der Untersuchungseinheiten (Auswahlverfahren); dadurch Gewinnung einer Zufallsstichprobe.

Zu unterscheiden: uneingeschränkte Zufallsstichprobenverfahren; höhere Zufallsstichprobenverfahren.

Zuschauerforschung

Teleskopie; Teilgebiet der Marktforschung zur Ermittlung von Einschaltquoten beim täglichen Fernsehen sowie zur Feststellung der individuellen

Sehbeteiligung einzelner Haushaltsmitglieder. Aufzeichnung der relevanten Informationen durch Audimeter und Tammeter, die auf mechanischem oder elektronischem Wege die eingestellten Sender und die Empfangsdauer registrieren.

enz zum Wissen.

Jetzt 30 Tage testen!

nger für Professionals

 Springer